贵州省出版发展专项资金资助

贵州世居民族文化书系

宋健 主编

山歌壮锦

SHANGE ZHUANGJIN

覃东平 著

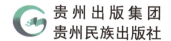

贵州出版集团
贵州民族出版社

图书在版编目（CIP）数据

山歌壮锦：壮族 / 覃东平著 . -- 贵阳 ：贵州民族
出版社， 2014.6（2020.7 重印）
（贵州世居民族文化书系 / 宋健主编）
ISBN 978-7-5412-2120-0

Ⅰ．①山… Ⅱ．①覃… Ⅲ．①壮族－民族文化－贵州
省 Ⅳ．① K281.8

中国版本图书馆 CIP 数据核字（2014）第 066229 号

贵州世居民族文化书系
山歌壮锦·壮　族
宋　健　主编　覃东平　著

出版发行　贵州民族出版社
社址邮编　贵阳市观山湖区会展东路贵州出版集团大楼　　550081
印　　刷　山东龙岳文化传媒有限公司
开　　本　787mm×1092mm　　1/16
字　　数　200 千字
印　　张　12.25
版　　次　2014 年 6 月第 1 版
印　　次　2020 年 7 月第 2 次
书　　号　ISBN 978-7-5412-2120-0
定　　价　39.00 元

贵州世居民族文化书系
编委会

贵州壮族分布示意图

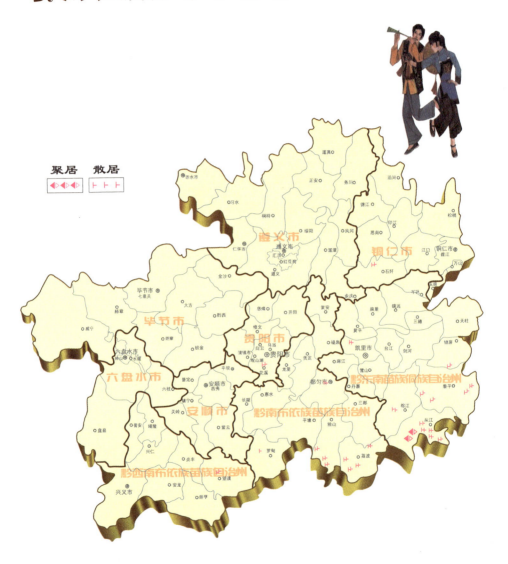

聚居　散居

多彩高原的民族共存

——《贵州世居民族文化书系》总序

　　多彩的贵州，神奇的高原。对于初次来到祖国大西南贵州省的人来说，触动心灵的不仅是苍山如海、溪河清澈、森林碧绿、峡谷幽深，更有那不同民族同胞悠扬的山歌和异彩的服饰。在这个有17.6万平方公里面积和600年建省历史的省份，数不尽的青山翠谷中生活着18个世居民族，他们从哪里来？世世代代如何与周围环境共处？以怎样的生活方式和民族风情为世界增光添彩？让读者朋友在轻松的阅读中了解这一切，就是我们出版这套《贵州世居民族文化书系》的目的。

　　贵州是一个多民族的省份，少数民族人口约占全省总人口的38%，全国56个民族成分贵州都有分布，而称得上"世居民族"的则有汉族、苗族、布依族、侗族、土家族、彝族、仡佬族、水族、回族、白族、瑶族、壮族、畲族、毛南族、仫佬族、满族、蒙古族、羌族等18个兄弟民族。从历史和民族源流看，除来自北方的回族、蒙古族、满族外，汉族属古代的华夏族系，其他各族分属古代的氐羌、苗瑶、百越、百濮四大族系。从地理位置看，贵州位于云贵高原东部，处于四川盆地和广西、湖南丘陵之间，是由高原向平原和丘陵过渡的地带。这种特殊的地理位置，使贵州历史上成为南方四大族系的交汇之地，成为民族迁徙的大走廊。在漫长的历史长河中，不同民族的融合，不同文化的相互影响，以及战争带来的多次大规模移民的进入，形成今天贵州多民族共存共荣的社会。

民族文化，指各民族在历史发展中创造的带有民族特点的文化，包含物质和精神两个方面。存在决定意识，由于贵州地处生态环境较为脆弱的喀斯特地貌带，各族群众敬畏自然，珍惜上天赋予的生活资源，注重生产方式与自然生态的和谐平衡，有着享誉世界的农业文化遗产"稻鱼鸭系统"，与草木"认干亲"的林业等生产方式和生活形态，无不彰显人与自然的和谐共处。

贵州历史上"连峰际天兮飞鸟不通"（王阳明《瘗旅文》）的交通困局，形成了十里不同风，百里不同俗的"文化千岛"，民族风情古朴浓郁，多姿多彩，如苗族的姊妹节、芦笙舞，布依族的八音坐唱，侗族的行歌坐月、侗族大歌，彝族的火把节，土家族的摆手舞等。而600多年前明王朝对贵州的大规模开发，江南的百万汉族移民以屯军、屯民的方式来到贵州，形成数百年的屯堡文化，至今成为明代文化遗存的奇迹。可以说，正是青山绿水与多民族的和谐共存构成了今天多彩的贵州。

我们这套书以大专家写小丛书为特点，以轻松阅读获取知识为目标，以直观图像结合想象力发挥为手段，采取宏观叙述与田野案例穿插叙事的方法，力图写成民族历史文化的故事书，内容虽然通俗易懂，生动有趣，但都是以坚实的学术研究为基础的，能够让读者在愉快的阅读和浏览中获取正确的知识。

"黔山秀水，神秘夜郎；多彩民族，千岛文化。"这是书系力图展示的贵州形象。愿书系成为我们大家了解贵州、欣赏贵州、热爱贵州的一个窗口。

《贵州世居民族文化书系》编委会

目 录
Contents

引言

　　我小的时候，总是祈盼着过节，从三月三到端午，从六月六到七月十四，更不用说过年了。我们对节日的盼望，源于对物质的需求。因为只有过节，才有机会在那么一两天的时间里，尽情品尝到自己喜欢的鸡、鸭、鱼、肉，吃上自己垂涎三尺的五色饭，身上背一个大大的、充满肉香味的粽子。这也可能是生活在20世纪60年代末期所有的壮族孩童的共同愿望。

　　长大后，因为工作的关系，我开始知道那是一种民族文化，把它叫民族节日文化或民族饮食文化皆可。虽然对物质的渴望少了，却使我对民族节日更多了一分理解。壮族节日文化是先祖们经过长期的日积月累而逐渐形成的：或因为善待亡灵、希望他们护佑世人而祭祀，如七月十四；或因为要亲人团聚而提前过年，如贵州壮族的壮年"崴宜久"……不管怎么说，节日文化总有它产生的最初原因，只是这个原因我们今天不一定明白。这是文化传承中的选择，有的元素被强化，而有些却湮没了。而致命的是，这种选择往往是不知不觉的，是渐进的。当我们醒悟的时候，它却已在灯火阑珊处，无法访幽探古了。

　　其他文化事象的来由与消失，何尝不是如此！

　　好在我们的社会各界，已越来越正视民族文化的社会功用，认识到民族文化的价值，认识到民族文化是增加民族凝聚力的正能量，全社会正形成民族文化保护的热潮和共识，一个积极向上的文化生态正在恢复。我一直认为，文化虽然可以以非物质的状态存在，但它也是有生命力的，需要像生物那样有自己的生态环境，有自己的容身之地。

相对来说，文化的生态环境比自然的生态环境更容易受到破坏。比如我们可以通过边防、海关等来抵御外来物种的入侵，但互联网的监管就要困难得多。文化生态既要面对以几何级数裂变带来的各种文化的冲击，又要面对自己生态圈内人为的、行政的干预，可谓是举步维艰。就目前的态势而言，把文化生态安全提高到国家文化安全的地位来重视，并不为过。

鲁思·本尼迪克特在《文化模式》一书中说道："每一个人，从他诞生的那刻起，他所面临的那些风俗便塑造了他的经验和行为。到了孩子能说话的时候，他已成了他所从属的那种文化的小小造物了。等孩子长大成人，能参与各种活动时，该社会的习惯就成了他的习惯，该社会的信仰就成了他的信仰，该社会的禁忌就成了他的禁忌。"文化是人类创造的，也影响着人类，靠人类来传承。

因此，对于中华民族文化的传承和保护，或是某单一民族文化的传承与保护，我认为都要从自身做起。首先要了解自己的民族，热爱自己的民族与民族文化，热爱家乡，然后情感才能升华，上升到尊重其他民族及文化。热爱祖国，热爱人民，才不至于在外来文化的浸染和撞击中妄自菲薄，全盘接受外来文化而迷失自我；或抱残守缺，唯我独尊。这也是我写这本小册子的初衷吧，希望对那些热爱民族文化的人有所帮助！

JIUWANDASHAN

九万大山
WODEJIA 我的家

● "越人"的后裔 ●

　　壮族是贵州 18 个世居民族之一，据史料记载和贵州壮族的民间传说，贵州的壮族大都是从广西迁来的。贵州省的壮族主要分布在从江、黎平、荔波、独山、兴义、都匀等县（市）以及贵阳市的云岩区、南明区等地。据 2010 年全国第六次人口普查，贵州壮族有 52577 人。

　　壮族是一个具有悠久历史和灿烂文化的民族，主要居住在岭南地区。壮族由古越人的一支发展而来，其历史发展的脉络是：越（百越）→西瓯（骆越）→乌浒→俚（僚）→僮→壮。

　　"越人"，古书上称为"越"、"粤"或"百越"，自有文字记载以来一直居住在中国的南方。在先秦时期，"越"既是对东南地区越国的专称，也是对南方百越族群的泛称。古书上"粤"与

壮族人口

　　壮族是中国人口最多的少数民族，在全国的31个省、自治区、直辖市中均有分布。1953年全国第一次人口普查，壮族有6 611 455人。1964年第二次全国人口普查，壮族有8 386 140人。1982年第三次全国人口普查，壮族有13 383 086人。1990年第四次全国人口普查，壮族有15 489 630人。2000年第五次全国人口普查，壮族有16 178 811人。2010年第六次全国人口普查，壮族有16 926 381人。主要分布在广西、云南、广东、湖南、贵州、四川等省（自治区），以广西壮族自治区为最多。

　　贵州省的壮族主要分布在从江、黎平、荔波、独山、兴义、都匀等县（市）以及贵阳市的云岩区、南明区等地。2010年第六次全国人口普查，贵州壮族有52 577人。

髠发文身

　　"髠发文身"即"剪发文身"，是"越人"的主要习俗之一。《汉书·地理志》记载："粤地……文身断发，以避蛟龙之害。"《淮南子·原道训》也说："九疑之南，陆事寡而水事众，于是民人被发文身，以像鳞虫。"高诱注释说："被，翦也。文身，刻画其体，纳默其中，为蛟龙之状，以入水蛟龙不能害也。"百越族群为什么要"髠发文身"呢？这与他们居住的地理环境有关。古代南方气候炎热，草木繁茂，水源富足，鸟兽虫蛇甚多。人们通过采集与狩猎获取生活资料，必然与自然界发生联系。在生产力及对自然物认识较低的情况下，人们为了自身的安全，想当然地文身断发，在身上文着龙蛇等猛兽的图案，以为这样就可以免受其害，这是生存环境在人们头脑中形成的最初反映。但从人类学、民族学的角度来探讨，"髠发文身"应该是百越族群原始图腾崇拜的孑遗。

　　"越"可以通用，"粤"即是"越"，如《周礼·冬官考工记》就记有："粤无镈，燕无函，秦无庐，胡无弓车。粤之无镈也，非无镈也，夫人而能为镈也。"这里的"粤"指的即是"越人"。"越人"因为支系众多，故又被称为"百越"。《吕氏春秋·恃君览》记载："扬、汉之南，百越之际，敝凯诸、夫风、余靡之地，缚娄阳禺骧兜之国，多无君。"唐初颜师古在《汉书·地理志》注中引用臣瓒的解释："自交趾至会稽七八千里，百越杂处，各有种姓。"即在今天中国的行政区域范围内，西起云南、广西，含广东、福建、湖南、湖北、江西，东至浙江、江苏、上海，都有越人居住。越人的生活习俗与华夏族群迥然不同，《荀子·儒效》便记载："居楚而楚，居越而越，居夏而夏，是非天性也，积靡使然也。"即认为族群的生活习俗的不一，并不是天生的，而是因为居住的地理环境不同，在生产、生活中长期的积累而形成，各有特点。就是同一族群，因为居住地理环境的细微差异，各支系间的生产方式、生活习性、民间信仰等也不一而足，这是文化发展的结果。

　　之后，随着对百越族群认识的深化，史书上对"越人"的称

呼更加明确、具体，或者缀加方位词以示区别，并记录他们的主要特征和风物特产。如《逸周书·王会解》中记载："伊尹受命，于是为四方令曰：臣请正东符娄、仇州、伊虑、沤深、九夷、十蛮、越沤，鬋发文身，请令以鱼皮之鞞、鲗之酱、鲛盾、利剑为献。正南瓯、邓、桂国、损子、产里、百濮、九菌，请令以珠玑、玳瑁、象齿、文犀、翠羽、菌鹤、短狗为献。"这里所记载的"沤深""越沤""瓯"等指的即是"越人"。王念孙注解说：瓯即瓯骆，九菌即九真。宋代罗泌撰写的《路史》综合前人的文献资料，对"越人"的记载更加详细，指出了哪些支系属于百越："百濮、芊蛮，或鄛或怀，世不绝也。有濮氏、高氏，越徇芊姓，是为南越、越裳、骆越、瓯越、瓯隑、瓯人、且瓯、供人、海阳、目深、扶摧、禽人、苍吾、蛮扬、扬越、桂国、西瓯、损子、产里、海葵、九菌、稽余、仆句、北带、区吴，所谓百越也。"其实百越的支系、名称远不止这些。

百越族群的显著习俗特征是"鸡卜"。宋代周去非的《岭外代答》卷十记载："南人以鸡卜，其法以小雄鸡未孳尾者，执其两足，焚香祷所占而扑杀之。取腿骨洗净，以麻线束两骨之中，以竹梃插所束之处，俾两腿骨相背于竹梃之端，执梃而祷，左骨为侬，侬者，我也。右骨为人，人者，所占之事也。乃视两骨之侧，所有细窍。以细竹梃长寸余者，遍插之，或斜，或直，或正，或偏，各随其斜直正偏，而定吉凶。其法有一十八变，大抵直而正或附骨者多吉。曲而斜或远骨者多凶。亦有用鸡卵卜者，焚香祷祝，书墨于卵，记其四维而煮之。熟乃横截，视当墨之处，辨其白之厚薄而定侬、人吉凶焉。"《柳宗元集》卷二八也记载："越人信祥而易杀，傲化而偭仁，病且忧，则聚巫师，用鸡卜。始则杀小牲。不可，则杀中牲。又不可，则杀大牲。而又不可，则诀亲戚饬死事，曰神不置我矣。因不食，蔽面死。以故户易耗，田易荒，而畜字不孳。"从文中可以看出，百越族群信巫对社会生产造成了很大的影响，以至牲畜不繁，田地荒芜。百越族群"鸡卜"之俗，至今在壮侗语族各民族中仍常见，所使用的工具、占卜的方法、占卜的目的和禳解所用的禽畜与上述记载大同小异。

汉代对"越人"的称呼有"东瓯""东越""闽越""西瓯""骆越"等。司马迁的《史记·建元以来侯者年表》中记载："以南越桂林监闻汉兵破番禺，谕瓯骆兵四十余万降侯。"文中首次提到了"瓯骆"。稍后在东汉班固撰写的《汉书·西南夷两粤朝鲜传》中提到了"西瓯"："蛮夷中，西有西瓯，其众半羸，南面称王；东有闽粤，其众数千人，

壮乡风光

亦称王。"这也是"西瓯"的名称见于史籍之始。在该书中有关"西瓯"、"骆越"的记载也比较多，并多指两广之地。"西瓯"应该是先为族群之名而后专指一定的地理范围。南北朝末期顾野王所编的《舆地志》记载："贵州（今广西贵港市），故西瓯骆越之地……仍有瓯骆之名。"《百越先贤志自序》记载："译吁宋旧壤，湘漓而南，故西瓯也。"《郡国志》记载："郁林，西越也。"《寰宇记》记载："郁林……即古西瓯居。"晋人郭璞注释《山海经》说："瓯在闽海中，郁林郡为西瓯。"《旧唐书·地理志》记载："贵州（今广西贵港市）郁平县，古西瓯、骆越所居。"又说党州（今广西玉林市境）"古西瓯所居，秦置桂林郡，汉为郁林郡。""潘州（今广东高州市），州所治，古西瓯骆越地，秦属桂林郡，汉为合浦郡之地。""西瓯"分布地区相当于汉代的苍梧郡和郁林郡的大部分地区，即今桂江流域和西江中游（浔江）一带。"骆越"分布地区相当于汉代的交趾、九真、日南、儋耳、珠崖5个郡和部分郁林郡，即今广西邕江和左、右江流域至越南红河三角洲一带。因此，古时活动于今广西地区的"越人"，有时被称为"骆越"，有时又被称为"西瓯"，有时称为"瓯越"，有时则"西瓯""骆越"并称。史书记载虽然不一样，但他们之间的关系是很密切的，"西瓯""骆越"与"瓯骆"是一脉相承的。之所以称为"西瓯"，是与闽浙一带的"东瓯"相比较而言，是为了区别于"东瓯"，指明其居住地所在，特在称谓前面加上"西"的方位词。

东汉时期，"西瓯""骆越"又被称为"乌浒"。《异物志》记载："乌浒，南蛮之别名，巢居鼻饮，射翠取毛，割蚌求珠为业，无亲戚，重宝货，卖子以接衣食，若有宾客，易子而烹之。"《后汉书·南蛮西南夷传》记载："灵帝建宁三年（170年），郁林太守谷永以恩信招降乌浒人十余万内属，皆授冠带，开置七县。"《太平御览》引《南州异物志》记载："交广之界，民曰乌浒，以鼻饮水，口中进噉如故。"《南方异物志》认为："浒，地名，在广州之南，交州之北。"即地名沿袭族名而得。宋《舆地纪胜》卷一零三说：桂北"阳朔县，有夷人，名乌浒，在深山洞内，能织斑布"。可见，"乌浒"之名，不止见于一处，地望仍为岭南两广之地。

"鼻饮"是"乌浒""俚""僚"的显著习俗特征。最早记载百越族群鼻饮的是《汉书·贾捐之传》，书中记载："骆越之人父子同川而浴，相习以鼻饮……本不足郡县置也。"唐代刘恂在《岭表录异》

中说："交趾之人，重不乃羹……羹中有嘴，银杓，可受一升。即揖让，多自主人先举，即满斟一杓，纳嘴入鼻，仰首徐倾之，饮尽传杓，如酒巡行之。"宋代以后，关于"鼻饮"的记载便多了起来，也更为详细。乐史著的《太平寰宇记》卷一六七钦州条记载："俚人不解言语，交肱椎髻，食用手搏，水从鼻饮。"朱辅的《溪蛮丛笑》里说："仡佬饮不以口而以鼻，自取其便，名曰鼻饮。"范成大《桂海虞衡志》专记"鼻饮杯"："南人习鼻饮，有陶器如杯碗，旁植一小管若瓶嘴，以鼻就管吸酒浆。暑月以饮水，云水自鼻入咽，快不可言。邕州人亦如此。记之，以发览者一胡卢也。"周去非的《岭外代答》对"鼻饮"的解释最为详细："邕州溪峒及钦州邨落，俗多鼻饮。鼻饮之法，以瓢盛少水，置盐及山姜汁数滴于水中，瓢则有窍，施小管如瓶嘴，插诸鼻中，导水升脑，循脑而下入喉。富者以银为之，次以锡，次陶器，次瓢。饮时，必口嚼鱼鲊一片，然后水安流入鼻，不与气相激。既饮必噫气，以为凉脑快膈，莫若此也。止可饮水。谓饮酒者，非也。谓以手掬水吸饮，

亦非也。史称越人相习以鼻饮，得非此乎。"周去非不仅介绍了"鼻饮"的方法，还解释了"鼻饮者"在吸水入鼻时不被呛的原因以及"鼻饮"的功用。

隋唐时，"乌浒"又被称为"俚""僚"或"俚僚"。《南齐书·州郡上》记载："广州，镇南海，滨际海隅，委输交部，虽民户不多，而俚僚偎杂，皆楼居山险，不肯宾服。"《南史·兰钦传》记载："（兰钦）经广州，因破俚帅陈文彻兄弟，并擒之。"《太平御览》卷七八五引万震的《南州异物志》说："广州有贼曰俚，此贼在广州之南。苍梧、郁林、合浦、高凉五郡中央，地方数千里，往往别村，各有长帅，无郡县，依山险，不用城。""俚""僚"主要分布在今广西壮族自治区的东南部、广东省西南部和北部。

唐咸通三年（862年），唐朝把岭南道分为岭南东道和岭南西道，并在岭南西道设容、邕、桂三管经略使，统辖除了今天全州、灌阳、资源等县以外的大部分广西地区。唐朝又设置西原州，治所在罗和县（今

从江刚边高麻村

广西大新县西北），因而这一带的部族便被称为"西原蛮"，有侬、黄、韦、周等姓。《新唐书·西原蛮》卷二二二记载："西原蛮，居广、容之南，邕、桂之西。有宁氏者，相承为豪。又有黄氏，居黄橙洞，其隶也。其地西接南诏。天宝初，黄氏强，与韦氏、侬氏相唇齿，为寇害，据十余州。韦氏、周氏耻不肯附，黄氏攻之，逐于海滨。至德初，首领黄乾曜、真崇郁与陆州、武阳、朱兰洞蛮皆叛，推武承斐、韦敬简为帅，僭号中越王，廖殿为桂南王，莫淳为柘南王，相支为南越王，梁奉为镇南王，罗诚为戎成王，莫浔为南海王，合众二十万，绵地数千里，署置官吏，攻桂管十八州。所至焚庐舍，掠士女，更四岁不能平。"由此可见，"西

壮乡春色

原蛮"是一个势力相当强大的部族，他们称王称霸，私设官吏，与中央王朝分庭抗礼。

宋代以后，壮族的称呼开始出现，被称为"僮人""俍人""土人""蛮"等（过去由于历代封建王朝对少数民族加以歧视，他们在自己的著述中对少数民族的称呼都加"犭"旁。现在出版的一些史籍为了保持原书概貌，一般都不作改动。本文在引用史料时，根据所引著述将犭旁改为亻旁）。《宋史·李曾伯列传》记载："淳祐间，宜州丁壮有土丁、民丁、保丁、义丁、效丁、撞丁，共九千余人，而撞丁可用。"朱辅《溪蛮丛笑》也记载："五溪之蛮，皆盘瓠种也。聚落区分，名亦随异。沅其故环四封而居者今有五，曰苗、曰瑶、曰僚、曰僮、曰仡佬。风声气习，大略相似。不巾不屦，语言服食，率异乎人。"范成大《桂海虞衡志》记载："庆远南丹溪峒之民呼为僮。"至清代，"僮"的称呼遍及广西各地，已成为一个民族的专称，即壮民族的自称。 从历史文献资料入手，结合考古学、历史学、地理学、人类学、民族学、民俗学、语言学诸学科理论对"越"（粤）"骆越""西瓯""乌浒""俚""僮"的考察证明，他们历史源流清晰，一脉相承，是岭南的原住民族，是壮族的祖先，这已为学界和壮族同胞自身所认同和接受。

中华人民共和国成立后，20 世纪 50 年代初，在中央民族访问团的帮助下，经过深入调查和进行民族识别，根据共同语言和生活习俗等特征，广西、云南、广东等地自称为"布壮""布土""布侬""布傣""布斑""布陇""布诺""布衣""布民""布越""布僚""布雅依""布曼"等的人们共同体，自愿统一称为"僮族"。后因"僮"字是多音多义字，字面含义难以一目了然，又容易读错音，1965 年，根据周恩来总理的倡议，各地壮族同意把"僮族"改为"壮族"。同年 10 月 12 日，国务院作出了《关于更改僮族及僮族自治地方名称问题给广西僮族自治区人民委员会、云南省人民委员会、广东省人民委员会的批复》，将"僮"字改为"壮"字。这一字的改动，字面健康、向上，简明易懂，完全符合各地壮族人民的心愿，得到了壮族人民的拥护，增强了壮族民族的自信心和民族团结。

● 迷人的九万大山 ●

　　壮族迁来贵州的推手是什么？

　　根据贵州壮族民间的迁移传说，广西壮族迁来贵州，是因为他们的原始居住地遭受战乱，民不聊生，不得已而外迁。其实，九万大山广袤的胸怀、丰富的物产、迷人的景色，才是吸引他们目光的亮点！是他们迁来贵州的重要推手！九万大山是他们的梦幻天堂！

　　贵州的壮族绝大多数居住在云贵高原的边缘山地，即黔桂交界的九万大山地区。在清代"改土归流"以前，这个地区人烟稀少，大多数村寨尚未纳入中央王朝的编户齐民之中，老百姓日出而作，日落而息，生活自给自足，逍遥自在。九万大山就像一座大舞台，壮、侗、苗、水、瑶等民族，在此频繁迁徙，演绎着一部部民族迁徙史。至今居住在这

壮乡梯田

一地区的各个民族、各个姓氏，基本上都有自己祖先的迁徙传说，有凄苦悲凉的，也有美丽动人的，以叙事歌的形式演唱，生动而完整。

原始族群的迁徙，以追逐食物、水源、维持族群生存为第一要素。因此，游牧民族逐水草而居，游猎民族选择山林而栖，农耕民族寻求沃土良田，他们对于生态环境的选择都有自己一定的标准和要求。而一些游耕的族群，处于原始的狩猎采集经济向原始的农耕经济过渡阶段，在原始农业生产力低下的情况下，仍以采集和狩猎互为补充。他们虽然也有定居农耕的愿望，但当土地无法承受人口膨胀所带来的压力时，他们中的部分人必然会选择新的处女地，在新

壮乡瀑布

的地理环境中复制着自己业已掌握的生存方式，甚至包括村寨、山头、水井等在自己原居住地已确定的名称，也在新的处女地中被重新命名、使用。

宋元之际，广西西部和北部地区的壮族，亦农亦猎，处于狩猎经济向农业经济的转型之中，属于较为典型的山地耕猎型生计方式。他们的狩猎技术源远流长，狩猎技术在很大程度上比农业技术先进、著名。晋代张华《博物志》记载："交州夷名曰俚子，俚子弓长数尺，箭长尺余，以焦铜为镝，涂毒药于镝锋，中人即死。"隋代巢元方《诸病源候论》也说："毒箭有三种，岭南夷俚用焦铜作箭矢。"宋代范成大《桂海虞

九万大山

九万大山地域包括当今贵州省黔东南苗族侗族自治州的黄平、台江、剑河、丹寨、雷山、榕江、从江、黎平和黔南布依族苗族自治州的荔波、独山、三都水族自治县共11个县，以及广西壮族自治区的融水、罗城、环江3个自治县，是云贵高原向两广丘陵的过渡地带。一般指融江与龙江之间的所有山地。九万大山植被垂直分布明显，海拔在1000米以下为典型的中亚热带常绿阔叶林，海拔在1000～1500米之间为山地常绿、落叶混交林，海拔在1500米以上是高山针阔混交林。九万大山地处南亚热带，气候温暖湿润，雨量充沛，四季分明，冬天不寒冷，夏季炎热，山地资源丰富，林木茂密，生物资源多样，尤以杉木、药材著名，多珍禽异兽。珍稀动植物种类繁多，有若干与恐龙同时代的动植物，如尾斑瘰螈、桫椤、广西冷杉等，素有"物种基因库"之称。

衡志》记载："药箭，化外诸蛮所用，弩虽小弱，而以毒药濡箭锋，中者立死，药以毒蛇草为之。"周去非《岭外代答》卷六记载："溪峒弩箭皆有药，惟南丹为最酷，南丹地产毒虺，其种不一，人乃合集酝酿以成药，以之傅矢，藏之竹筒，矢镞皆重缩。是矢也，度必中而后发，苟中血缕必死，唯其土人自有解药。"弓箭属冷兵器，靠弓、弦的张力把箭射出，因为制作材料及人力的限制，比起热兵器来说，射出的箭不是很远，杀伤力也不是很大。但矢镞有毒，中矢的禽兽因毒发而快速死亡，可适当防止禽兽反扑伤人并缩短狩猎时间。因此，毒药的使用，既弥补了弓弩射程及杀伤力的不足，又提升了战斗力。而解药的研制与应用，既可以解去所猎获禽兽身上中的毒，也可以在不小心误伤自己时，解毒救命。可以说，他们的弓弩狩猎技术已臻完备。唯有工于狩猎，方能提升武器的技术含量，达到事半功倍之效。而相比之下，他们的农业耕作技术则较为原始、落后。周去非《岭外代答》卷三记载他们的农耕方式是："仅取破块，不复深易，乃就田点种，更不移秧，即种之后，旱不求水，涝不疏决，既无粪壤，又不籽耘，一任于天。"范成大《石湖诗集》卷十六也记载他们畲山耕作的方法："春初斫山众木尽蹶，至当种时，伺有雨候，则前一夕火之，供其灰以粪，明日雨作，乘热土下种，即苗盛倍收，无雨则反是。"从这些记载来看，当地壮族的农业生产基本上是刀耕火种。亦农亦猎的双重身份，在湿热多雨、植被良好、生物多样性的南方山地，很容易立足安身。尤其是九万大山物产丰富，使采集、狩猎的成功率很高，食物很容易获得，因此他们就不那么倚重农业技术。同时，

壮乡梯田

九万大山山高坡陡，在此开垦梯田，前期投入较大，需要花费很多的人力、物力。林溥《古州杂记》记载当地的农田"依山而成，不能以丈量计亩。苗民置产唯计田几丘，收禾若干把，或计收禾若干斤，以登券据。"这些梯田当地俗称为"腰带田""脚盆田""斗笠田"，既形容田地形状的多样，也说明了田地的狭小。这些梯田，层层叠叠，依山而上，田与田的梯层高差都在1米以上，最高的达到4米，梯田皆如水沟，沿山盘绕，宽的地方约3米，窄的地方不足0.33米，长的梯田可盘绕几坡几岭，短的仅3米多，故当地有"栽秧不下田"之说。修田就像劈山开路，凭人力在坡地上挖出一块平地来，投入的物力、财力、时间很多，许多人家一年甚至几年都不一定开成一

卡和挑

在汉制重量计量单位未传入贵州民族地区之前，"卡"是都柳江、清水江中下游苗、侗、壮、水等族人民的重量计量单位，专用于水稻收获的计量。一般由拇指、食指、中指合握的禾穗称为一"卡"，十"卡"称为一"把"，两"把"为一"挑"。因各人手掌大小不一，故每"卡"的重量也不一样，一般为2~2.5公斤，一"把"为20~25公斤，每"挑"则在40~50公斤之间。之所以如此称呼，是因为这一带的水田多为冬泡田、冷水田，过去以种植糯禾为主。而糯禾的收割方式是，用摘禾刀一禾一禾地剪下，一手持摘禾刀，一手持禾，当持禾之手握不下时，即捆扎好放在田埂上，便为一"卡"，满十"卡"则捆成一"把"，凑成一"挑"后，即用扦担挑回家，搭在禾晾上风干，再收回粮仓。由于这些地区的稻田多为"腰带田"，无法丈量，只能确定某块田能收获几"卡"、几"把"或几"挑"，人们也就习惯地以粮食产量来衡量稻田面积，如"这块田有几挑"、"他家有多少挑田"等。

·········●
香菇棚

块梯田。这样的稻作农业，有些连牛耕都用不上，基本上是原始的锄耕农业。据后人的调查统计，461亩稻田，竟达7750多丘。直至今日，当地丈量田亩时，仍以"卡"或"挑"来计算面积。因此，相对于采集和狩猎来说，农业生产投入的人力和时间要多得多。

地广人稀的九万大山，为原始的采集、游猎族群提供了较为适宜的生存空间。丰富的水源，又为灌溉农业提供了前提条件。贵州的壮族从广西迁入，主要也是来自环江和南丹，"近水楼台先得月"，有得天独厚的地理优势，是从九万大山的边缘地带向中心区域的迁徙。他们进入贵州后，以从江为中心，定居在黎平、从江、荔波、独山一线，他们所建立的村寨一般都在距离省界百余里的范围内。

九万大山的农作物以水稻为主，此外还有旱稻、小麦、玉米、高粱、荞麦、薯类、豆类等；经济作物有油菜、花生等。除原生的水稻外，其他粮食作物和经济作物大多数是明末清初、甚至是民国以后才引种的。据20世纪50年代和80年代的社会调查，长期以来，除非遇到虫灾和冰雹（这是当地主要的灾情），九万大山地区的老百姓并不缺粮，各民族间也没有缺粮的传说，相反，却有"吃鼓藏"等大宴宾朋的节日活动。在壮族各姓的迁徙歌中，虽然历数祖先迁徙之磨难，但最终大家还是在九万大山的深处扎下了根，这实在是九万大山具有广阔的胸怀、地肥水美林丰之故。

九万大山森林资源丰富，明朝以来一直是我国杉木的主产区之一。区内的月亮山、太阳山等是天然林集中连片、保存完好的地区。主要树种有杉、松、栎、青枫，竹子次之。其他山区物产，有油桐、油茶、五倍子、黄丝麻、芒芯、白藤、棕片、茶叶等。药材、香料种类多，数量大，有桔梗、厚朴、续断、黄连、金银花、淮山药、杜仲、茯苓、麦冬、香草、木姜子、猴菇等。土特产有香猪、香菇、笋干等。香菇产于月亮山东南麓的壮、苗杂居地区，肉厚色鲜香纯，尤以冬菇香味最美。明万历《贵州通志》卷十五记载，黎平府的特产有"土锦、侗布、茯苓、枫香蜡、观音柳、紫檀木、烟竹、实竹、野狗"。《黎平府志》对壮族地区的物产也不乏溢美之词："香菌即香菇，蔬中上品，产下江永从。土人于深山中伐楮树卧地，俟木将腐，用香菇浸水洒之，越十数日菌即出，其味芳美，比他省产者尤妙，惟冬菇肉厚味最佳，春菇肉薄味略逊。""斑竹生山中，不甚高大，二三月出笋，味最佳。""茯苓生深山大松下，盖古松久为人斩伐，其枯槎不复上生者，变为茯苓，外皮黑而细皱，内白而坚，有大如拳者，有大如斗者，总以似鸟兽形者为佳。""何首乌久服延年。""厚朴散实结。""五倍子文蛤也。""茶西山美……出茶颇佳，汉人收买，定于雨前摘取芽焙之，宛然旗枪也。""木耳产下江永从。凡木皆生木耳，下江永从土人于深山中伐楮树卧地，雨久则生，他木所生宜防有毒，楮树则无毒矣。""冬干笋出府属西山竹林，每年八九月笋出时采之，熏干至冬发卖，亦商贩所竞尚者也。"壮族居住地区丰富的土特产品，历来为外商所重视，而当地老百姓对于笋干、香菇的加工和生产技术，也不断探索、提升，很早就掌握了人工培育香菇、木耳的技术。而土特产香菇、香猪、香羊、香鸡、香鸭，则被誉为贵州壮族地区的"五香"，为当地各民族所喜好。

直至现代，九万大山的山地物产产量依然不菲，如1983年从江县宰便区供销合作社收购的各类特产为：黄丝麻8240公斤，芒芯25580公斤（据统计记载最高年收购量达35000公斤），棕片8060公斤，五倍子4110公斤（据统计记载最高年收购量达6245公斤），木姜子37150公斤（据统计记载最高年收购量达59090公斤），桔梗3435公斤（据统计记载最高年收购量达30765公斤），续断3015斤（据统计记载最高年收购量达35000公斤），香菇3990公斤（据统计记载最高年收购量达5370公斤），木耳85公斤，烟辣子1590公斤，晒烟315公斤，牛皮942张，杂皮2783张，金银花300公斤（据统计记载最高年收购量达550公斤），蜂蜜215公斤。1986年3月笔者在秀塘壮族乡调查，据统计1985年全乡收购五倍子54.8担（一担为50公斤），棕片 104.2 担，笋干 27 担，板栗 17.5 担，此外还有香菇和其他土特产。
这些山地物产都不是人工培植的，而是野生的。经过近 600 年的开垦、
采伐，九万大山仍有如此丰厚的产出，壮族进入贵州初期当地的物产
可想而知。九万大山就像一座取之不尽、用之不竭的宝库，为贵州壮
族的生存和繁衍做出了无私的奉献。

壮乡杉林

● 坎坷的迁徙路 ●

　　贵州的壮族大多从广西迁来，主要有莫、韦、梁、黄、蒙、欧、廖、吴、卢、潘、覃、石、王、李、杨、刘、何、向、孟、蒋、贺等姓。其中以莫、韦、梁、黄姓人数最多，蒙、欧、吴、廖、潘、石姓次之。虽然来自同一个行政区，但各姓迁徙的时间、路线和原因不尽相同，就是同一姓氏的不同祖公，其迁徙的时间、路线、原因也各不相同。以从江县加榜乡的莫姓为例，传说他们的祖公最早从广西南丹州迁来。莫姓祖公迁徙歌"比侯旁"，用叙事歌的形式具体而生动地描绘了他们的祖先从广西迁来贵州的坎坷历程。莫氏的迁徙歌唱道：

> **比侯旁**
>
> 　　"比"是壮族民歌中的一种，相当于汉语的"诗""词"，有五言一句的，也有七言一句的，常用于叙事。"侯"汉意为"进入"。"旁"汉意即"地方"。"比侯旁"直译为"进地方歌"，可意译为"迁徙歌"。

　　追溯莫家的根由，祖籍原是南丹州。老祖兄弟有五人，相亲相爱如足手。因遇天灾和人祸，兄弟五人各奔走。包提走往庆远府，包续留在南丹州。包刚只身走茅难，包赏包高上贵州。两位祖公迁上来，好比唐僧西天走。先到茅难三王地，土地虽多住不久。连年遇着天大旱，庄稼颗粒都无收。他们自制舢板船，顺河而下往东流。经拉海吉到洛影，洛影好地人占有。又往东印到西凤，西凤安居无地种。大公二公打柴草，靠卖柴草也贫穷。又改打铁来谋生，后来打铁不合心。兄弟两人无出路，卷起包袱又回程。他们流落到百纳，想在九墟谋生存。九墟听闻打乱仗，兄弟两人又逃生。经过瑶洛到肯地，无田无地难生存。又往晚寨到城皇，兄弟两人再商量。走到瑶同买山林，当地瑶族不开腔。瑶族既然不同意，又走瑶草到瑶王。爬过灵坳最难走，好不容易到寨刚。到了寨刚遇汉人，又请汉人来问路。跋山涉水穿老林，经过尾令到加暮。遇着苗人头蓬松，问起话来说"麻铺"。苗语不通无办法，背起口粮又赶路。经过加翁到苗谷，不懂苗话心里慌。次日寅时爬贾坳，晚上酉时到榕江。榕江平坝又宽广，心想落脚好地方。四路来人又撵走，爬过苗岭到下江。那个地方也平坦，汉人已住好地方。想同汉人拜兄弟，不让住下自悲伤。他们又爬野猪坳，走到高麻再商量。兄弟两人往前走，晚卡晚坪好地方。晚卡晚坪住不下，走到平正鱼米乡。平正祖公先来到，好田好地已占光。兄弟两人难安身，就往打郎到板梁。最后落脚在加榜，开田造地种米粮。咱们祖公会盘算，为人勤奋又善良。拜结苗族做朋友，得到瑶族多帮忙。从此六畜都兴旺，莫姓丁口也繁昌。

　　人们或许会问，民间这些祖先迁徙歌是否可信？可信度又有多高？会不会是后人杜撰的？

古壮字书籍

　　首先，我们从史籍资料来看。

　　莫氏的迁徙歌中叙述他们的大公、二公迁徙到西凤后，因为无地耕种，只能靠打柴烧炭来维持生活。据明万历《贵州通志》卷十五记载："西山阳洞司曰苗人者，去府畿三百里，接连广西地界，苗有生熟及僮家之异，背服不常，皆以苗为姓，垢面蓬头跣足，言语莫晓，采薪为业，祀鬼待客以犬为上，用十月朔日为大节。"靠采薪换取食物维持生活，曾经是广西壮族进入贵州初期的生活方式之一，也是在身无分文的情况下以物易物、简单易行的生存方式。又记述他们流落到贵州后，因为无法生存，不得已又返回广西"九墟"（今广西环江毛南族自治县），但九墟正在打仗，兵荒马乱，无法过安定的生活，他们只好往贵州"肯地"（荔波县）逃难。史载广西大藤峡瑶族、壮族人民起义时，明王朝在派兵镇压农民起义的过程中，还派兵深入桂北山区，所到之处，烧杀掳劫，无恶不作，使这些地区的各族人民四散逃生，尤其是向黔省流动。再如迁徙歌中提到的地名和民族，也与榕江、从江、荔波当地的实际情况相吻合，并从当地其他民族的口述资料中得到印证。由此看来，莫氏的迁徙歌中有诸多的成分与史料记载是相符的，与当地的民族分布情况是吻合的，有历史和现实的依据。

其次，从民俗学的角度来看。

与其他南方的少数民族一样，贵州壮族的祖先迁徙歌是不能随意演唱的，一般都在比较正式、庄重的场合演唱，并由家族中有一定"地位"和"级别"的代表人物演唱，主要是强调它的严肃性和权威性。同时，迁徙歌的传承也与一般的民歌不同，它有特定的空间、场景和祭物，曲调不能随意更改，歌词不能任意发挥。由于演唱场合、演唱人物、演唱内容的限制，它只能传承给特定的人，这些人或许将来就是村寨的族老、寨老，并由他们一代接一代地口耳授受。当然，祖先迁徙歌演唱的机会虽然不多，但也有一些人因为先天聪明，记忆力好，听老人们演唱几次之后，自己就学会了。这些人年长后虽然不一定是寨老或族老，但却因为生性慧隽

壮族文字

壮族的文字有"古壮字"和拉丁字母拼音文字。"古壮字"又叫"土俗字"，也叫"方块土俗字"或"方块壮字"，是壮族先民在长期的生产实践和社会活动中，为了便于记事和进行交流，由壮族一些知识分子（包括师公）吸取并仿造汉字六书的构字方法，借助汉字或汉字的偏旁部首创制的。它产生于唐代，兴于宋而盛于明清。壮族民间一般用它来书写地名、经文、记事、占卜和记录神话、故事、传说、歌谣、谚语等。现存的"古壮字"遗迹既有碑刻，也有大量的师公唱本和民歌抄本，是研究壮族古代社会经济、政治、历史文化等重要的文字材料。由于历史的原因，各地的"古壮字"没有得到规范和统一，使用面不广，只在民间的一定范围内使用。以拉丁字母为基础的拼音壮文，是新中国成立后在20世纪50年代创制的。它以壮语北部方言为基础方言，以广西武鸣县的壮语语音为标准音。1957年11月29日，国务院通过了壮文方案，并批准在壮族地区试点推行。1982年又作了部分修订。现在使用壮语的人口在1700万以上，是我国使用人口最多的一种少数民族语言。

壮族古墓石雕

灵秀，自然而然地也会成为村寨中的灵魂人物，顺理成章地取得了演唱祖先迁徙歌的资格。一些家族因为有"师公"（贵州壮族把祭神送鬼、占卜算命、阴阳地理先生称为师公）或识字的人，便以土俗字（也有人认为是古壮文）记录下来，作为传家珍宝。如从江县刚边壮族乡的梁姓，传说他们的祖先从广西环江毛南族自治县迁来，他们的祖先迁徙歌就是用土俗字记录下来，流传后人。因此，从民族心理及宗族感情上来说，祖先迁徙歌也就比较可信。

再从民族学的角度来分析。

自从父系氏族社会确立以后，子女的血缘、家庭的中心、财产的继承等等，都以父系为主，婚姻关系的选择也由父系氏族来确定，同宗不婚。由于壮族过去没有文字，自创的"土俗字"并没有在全民族中通用，不能像汉族那样用文字来编写自己的家谱、族谱供查阅，因此，壮族在记载自己家谱、族谱的时候，或以子父联名的方式来追溯，或以迁徙歌的形式来记载。贵州壮族子父联名的方式一般只到三代，举例来说，如某人名"刚"，人们便称其父为"波刚"（"波"即"父"之意），称其爷爷为"褒刚"（"褒"即"公公"之意，壮语中"公公"和"爷爷"是不分的）。但"刚"本人结婚后生了"茂"（不分男女），人们就不能再称呼"刚"的本名，应改称他为"波茂"，称"刚"的父亲为"褒茂"，而"刚"的爷爷只能简称为"褒"，既不加孙名也不加子名了。即只要一个人结婚生育了下一代，人们就不能再称呼他的本名，甚至同辈的人也不能直呼他的本名，他的本名相当于消失了。也就是以孩子的小名缀上"父""爷"来确定他和这个孩子的血缘关系。由于溯源一般只能三至五代，故原始的祖公便成为人们辨别各自血缘关系的重大依据。在壮族地区，同姓不一定同宗，而同姓不同宗便可以开亲；而同宗不一定同姓，同宗绝对不能开亲。鉴于此，当地壮族

壮族古墓

各姓氏、各家族对于祖先的迁徙来源是十分重视的。即人们只问你的原始的祖公是哪一个，而不管你迁徙到什么地方，是第几代子孙。只要大家都是同一原始祖公的后人，就是兄弟，是一家人。

　　今天，祖先迁徙歌的演唱氛围虽已有所淡化，但它承载的历史文化信息、描述祖先跋山涉水的艰辛，赞叹他们开辟疆域的坎坷之路，仍被各家族的子孙津津乐道。而对我们这些从事社科研究的人员来说，探讨这些祖公迁徙歌，对研究当地壮族的历史、民风、民俗，甚至民族关系等等，都具有重要的参考价值。各民族比较典型的家族迁徙歌，应视为民族的口述资料加以发掘整理。

壮族古墓石雕

YUQIAOGENGDU
渔樵耕读
CHUANGJIYE
创基业

● 立身西山阳洞 ●

　　作为从广西迁来的民族，壮族是何时进入贵州的？

　　我们认为，要了解贵州壮族的历史，首先应了解贵州建省的历史。在明永乐十一年（1413年）以前，贵州并不作为一个独立的行政区域存在，而是分属广西、湖南、四川和云南。据《明实录·太宗永乐实录》卷八七记载，明永乐十一年二月，"议以思州二十二长官司，分设思州、新化、黎平、石阡四府；思南十七长官司，分设思南、镇远、铜仁、乌罗四府。其镇远州、务川县，亦各随地分隶。而于贵州设贵州等处承宣布（政）司以总八府，仍与贵州都司同管贵州宣慰使司，其布政司官属俱用流官，府以下参用土官"。由此，贵州开始作为一个独立的行政单位出现，也即贵州建省的开始。但直到清朝乾隆年间以后，贵州的版图才逐渐完备和固定。

经过查阅史籍，我们发现，壮族在贵州的历史记载，在贵州建省前已存在。《明实录·太祖洪武实录》卷二二四记载，明洪武二十六年正

壮乡水井

月（1393年3月），广西荔波县志言："自洪武十七年（1384年）诏置县治，其地界于云南，因蛮寇作乱焚毁学舍，其后大军克服，虽已重建，然生员皆苗蛮、猺、僮，躲舌之徒，教养无成，不堪选贡，徒费民供，无益国家，乞罢其学。"说明在1384年设置荔波县时（当时属广西管辖，清朝乾隆年间划入贵州），县境内即有壮族居住，这也是"僮"在现今贵州版图内的最早记载。因此，壮族进入贵州，已有600多年的历史了。

而壮族在贵州的历史发展，我们完全可以通过"西山阳洞蛮夷长官司"这面镜子去观察。

西山阳洞蛮夷长官司，辖地即今贵州省黔东南苗族侗族自治州从江县刚边壮族乡以东、西山、丙梅地区，毗邻广西三江侗族自治县的梅林，这里是贵州壮族集中分布的地区，贵州省60%左右的壮族都居住在这一区域。西山阳洞蛮夷长官司的建立，与壮族进入贵州后发展壮大不无关系，他们在西山阳洞这个地方，繁衍生息，势力不断壮大，壮族中的大姓韦姓寨老，在元末便成为当地的土司。

西山阳洞，在宋代以前的史书上没有记载，应为化外之地，尚未纳入中央王朝的编户之中。元朝设置西山大洞等处长官司，却只有一个名称，没有具体的地望和设置时间。据顾祖禹考证，西山大洞在黎平"府西二百里，古生苗地"，"地多洞人"。任可澄认为"在黎平府西南一百六十里，古州厅西北，西南有西山营大洞，即其地"。明朝洪武初年，改西山大洞等处长官司为西山阳洞蛮夷长官司，但不久就废除了。废除的原因是明洪武十一年六月（1378 年 7 月），"五开洞蛮吴面儿等作乱"，官府鞭长莫及，无法治理，只好放弃。明朝洪武十八年（1385 年）十月官府"以计诱擒吴面儿"之后，才又"招辑其民"，由于"复业者众"，故于明永乐元年正月（1403 年 2 月）"复设古州、龙里、欧阳、湖耳、中林验洞、八舟、漕滴洞、潭溪、福禄永从、洪州泊里、亮寨、新化、赤溪湳洞、西山阳洞十四蛮夷长官司，俱隶贵州。……仍以土人为长官"。明永乐五年四月（1407 年 6 月），明廷任命壮族寨长韦万木为西山阳洞蛮夷长官司长官，韦万魁为副长官，隶属思州宣慰使司。当年韦万木等朝觐，向明廷"自陈所统凡四十七寨一千一百余户，乞置官治之，岁输租赋于五开等卫"。这是西山阳洞蛮夷长官司属下民众纳入中央王朝编户齐民的开始。韦万木属下的这些村寨和民户，主要是壮族。明永乐七年九月（1409 年 10 月），明王朝"置贵州宣慰司古州、漕滴洞、八舟、洪州泊里、中林验洞、福禄永从、潭溪、欧阳、亮寨、湖耳、龙里、新化、西山阳洞十三

壮乡水井水瓢及祭物

壮乡风雨桥

蛮夷长官司流官吏目各一员"。明永乐十二年三月（1414年3月），明廷"以贵州布政司所辖思南、思州两宣慰司地方，分隶八府……潭溪、漕滴洞、古州、八舟、福禄永从、洪州泊里、西山阳洞七蛮夷长官司隶黎平府"。

西山阳洞蛮夷长官司建立以后，以当地壮族的大姓韦姓寨长任正、副长官，但还设有流官和吏目各一人，显然是土流并治，以土人为主。按照土司任命的惯例，韦姓能任正、副长官，并不是以军功擢升的，而是以当地的大户身份出任，是自身实力助推上位的。

西山阳洞蛮夷长官司建立后仅30余年，明正统年间（1436～1449年），当地的壮族发生动乱，至于动乱的原因和过程，由于历史上没有详细的记载，我们不得而知。但从历史记载来看，他们既对地方官府不满，也不听本族人姓韦姓的号令，恐怕是二者都对他们有所侵犯。官府对西山阳洞壮族的动乱束手无策，听之任之。韦姓土司因为无力管辖属下的民众，怕被官府追究，不得已也辞官纳印于官府，当起了甩手掌柜。最终，"（明正统）十二年（1447年）废西山阳洞土司入于夷"。西山阳洞蛮夷长官司的废弃，使当地的壮族处于无统辖、

县级文物保护单位里搁风雨桥

无君长的"树倒猢狲散"的自由状态。约 80 年后，动乱的风波平息，"僅稍聚，耕种自给"，地方逐渐稳定后，社会生产也恢复了发展。但壮族民众与官府的关系并没有明显的改善，故明嘉靖八年（1529 年），当地大户韦文郁自称是韦万魁的裔孙，向官府求印治理西山阳洞，但没有得到官府的允许。明嘉靖十一年（1532 年），吏部任命易明为西山阳洞吏目，当地壮族不予认可。黎平知府祝寿派知县李霖抚谕，当地壮族也未听命。1533 年知府祝寿亲自带领西山阳洞长官韦文光以及知县李霖，召集了当地壮族寨老开会，晓以利害，当地壮族才接受招抚，同意每年缴纳粮米 15 石。但在祝寿擢升他职离开以后，当地壮族便拒绝纳粮。明嘉靖二十九年（1550 年），吏部任命张道为西山阳洞吏目，当地壮族也没有接纳，张道无法行使职权，不得不辞官离去。直至明万历二十九年（1601 年），西山阳洞才又归纳到壮族寨长韦昌金的统领之下。

如上的史实说明，西山阳洞蛮夷长官司在元代就已设置，明朝初年废除，永乐元年复立，永乐十年（1412 年）改隶黎平府。正统年间由于当地壮族的动乱，使西山阳洞处于无管辖状态，其间有近 200 年的时间"土司入于夷"，官府对当地失去实际的控制能力。

从西山阳洞蛮夷长官司的兴衰，我们可以知道西山阳洞的情况。

第一，西山阳洞蛮夷长官司的主体民族是壮族，并且是当地的主体民族，在本地有着举足轻重的作用。明朝正统年间壮族的起义，官府、土司无法镇压，先是放手不管，随后又摆出一副"议和"的姿态来，官府、土司的这些应对措施都充分说明，当地壮族势力不可小觑。也说明宋元之际迁入此地的壮族，人数不少，在无外界的干扰、在丰富的物产支撑下，人口繁衍很快，成为地方的大族，称霸一方。到了元末，势力最大的韦氏家族担任了土司。

第二，无论是西山大洞长官司还是西山阳洞蛮夷长官司，酋首都是韦姓。说明韦姓是当地的大姓，一直承袭寨长（寨老）或族长之职。以当地大姓或寨老、土酋治理其民，本来就是土司制度的核心。韦姓从明永乐元年（1403 年）至清康熙二十三年（1684 年）总计 281 年的时间里，一直占据土司的职位。其间虽有过"土司入于夷"的时候，但仍是入于韦姓手中，韦姓在当地的势力从来就没有衰败过。一个姓氏或家族的发展壮大，一般来说需要几代人甚至十数代人的共同努力，

并且要得到当地各族、各姓的认可。只有家族实力雄厚，有过人的人力、物力、财力，才能充当"族长"或"寨长""寨老"的角色，管理本寨、本族的内外社会事务，包括习惯法的制订与执行、对外的交往甚至战争等。韦氏应该具有比较重要的身份，才能在当地称雄。现今韦姓仍是从江地区壮族的大姓。但他们对于祖上的丰功伟绩，却知之甚少，在迁徙传说中也没有提到。我们推测，可能是韦有能参与何瑞新叛乱反清被杀后，韦姓后人怕受牵连，故在其口耳传授的历史典故中，人为地抹掉了这段历史。这是一种正常的现象，与隐姓埋名躲避祸害一样。

第三，西山阳洞蛮夷长官司壮族势力强盛，具备与官府"对话"的能力。明朝正统年间西山阳洞"侗人""僮"的动乱也好，聚集恢复生产活动也好，皆以"僮"为主。官府在处理西山阳洞蛮夷长官司"僮"人的动乱事务中，以"招抚除吏"为主要手段，即从自身整治官员入手，对老百姓不满意的官员进行撤换，重新任命，不像对待贵州其他地方蛮夷的反叛，加以军事镇压。明朝初期中央王朝的态度一直比较强硬，

背篓

簸箕

低调处理西山阳洞壮族动乱的这种态度应该说是绝无仅有的。而官府处理问题的暧昧态度，正好证明明朝正统年间西山阳洞壮族的动乱，在很大程度上应该是由于官府的压榨或者吏目的为官不仁而引起的。因此，在壮族反叛后，本族土司既不敢得罪官府，又不敢得罪本族百姓，对局面无法掌控，不得已"纳印于府"，跳出圈外，隔山观虎斗。也就是说，西山阳洞的土司不是被官府革除的。而官府的所作所为，也使当地的壮族伤透了心，他们已对官府极不信任，而官府对当地的壮族也无法进行有效的统治。直至明朝万历年间，西山阳洞才又设官管制。西山阳洞长官司从设到废，虽历经281年，但期间有154年"土司入于夷"，不听从官府号令，处于"僮"人自治状态。

第四，西山阳洞蛮夷长官司设立的时间虽长，但真正纳入官府编户、缴纳贡赋的并不多，范围也不是很广。明永乐四年（1406年）韦万木朝觐时，自诩所辖地盘共47寨1100余户。但根据记载，黎平府在明朝嘉靖年间，"官民杂役三千六百六十五户，二万四千五百一十四丁口。万历二十五年增至三千七百七十三户，四万二千二百九十三丁口"。西山蛮夷长官司只是"二百二十一户，一千六十三丁口"。应缴纳的贡赋，黎平府为"秋粮旧额二千五百六十一石九斗零。万历九年新丈续报六十七石，二十五年增至二千六百二十八石九斗零"。西山蛮夷长官司仅为七石。黎平府需承担的徭役，"万历二十五年绦鞭银力公费三项共银八百二十四两七钱零。"西山蛮夷长官司无需承担。可见，直至191年后的明万历二十五年（1597年），西山阳洞蛮夷长官司的编户也仅有221户、1063人，贡赋为秋粮7石，不担负徭役。编户仅为韦万木所报数额的五分之一。如果不是韦万木夸大其词，那就是在韦万木掌管的西山阳洞蛮夷长官司的领地范围内，真正编户齐民的人户并不多，大多数壮族仍游离于官府的管辖之外。明万历二十九年（1601年）韦昌金任土司时，虽报户口2000余口，也仅纳贡赋7石。

西山阳洞蛮夷长官司之所以不好管辖，一是地处偏僻。"西山阳洞司曰苗人者去府畿三百里，接连广西地界，苗有生熟及僮家之异，背服不常，皆以苗为姓，垢面蓬头跣足，言语莫晓，采薪为业，祀鬼待客以犬为上，用十月朔日为大节。"因为距离府治太远，官府对此地是"心有余而力不足"，空有统辖之名而无行使职权之实。二是地方官吏相互推诿，不负责任。"原辖西山阳洞长官，延袤颇□（原文不清，以"□"代替，下同），昔称富庶，□□僮之乱，遂尔皆叛，至今在广西约束则曰原属贵州之黎平，在贵州稽查则云尽为广西之占据，互相□避，靡可羁縻。"西山阳洞蛮夷长官司地处广西、贵州交界，是"三不管"地区，两省官员对于这块烫手的山芋，都巴不得避而远之，没有尽心管理。因此，险要的地形地貌和错综复杂的民族矛盾，使明王朝并没有对贵州的壮族进行有效的统治。

清王朝建立后，顺治四年（1647年）西山阳洞长官司韦长官降清，清王朝准许他承袭长官司职位。康熙二十三年（1684年）废除西山阳洞蛮夷长官司，废除的原因是何瑞新反抗清廷，西山阳洞蛮夷长官司土司韦有能参与何瑞新叛乱，被擒获诛杀。清廷趁机改土归流，撤销了西山阳洞蛮夷长官司，把西山阳洞蛮夷长官司辖地划归永从县，使延续了几百年的西山阳洞蛮夷长官司退出历史舞台。但壮族并没有离去，而在贵州居住下来了。

此后，贵州壮族被纳入了官府的统治之下，向朝廷缴纳赋税地租。史籍记载永从县"额征正银二百一十三两有奇，改征米二百六十六石有奇。又苗疆折正银五百零三两有奇。历听诸苗分携棉花、苎麻、布疋、鸡子诸物赴官折纳，官为变价，其朴陋如此"。"西山弯远地方系高坡苗，苗田不计亩，地丁钱粮均于雍正十三年奉旨蠲免，永不征收。""下江通判……所属山田瘠壤，不成亩数，额征条马正银二十四两八钱有奇，耗银三两四钱有奇，秋粮米三石七升有奇，耗米变价银一两二钱。"因为贵州壮族地区土地尚未开发，清廷沿袭明朝以来的宜农政策，或蠲免，或对新增的土地暂免征收赋税，促进了社会经济的稳定发展。

　　民国年间，移入贵州的壮族人数虽然不多，但都是一些特殊群体，有些人是教员，是贵州壮族地区创办学校、兴办教育，为适应当地的文化发展需要而有目的地引进的人才；有些是商人，因为当地物产丰富，开辟了市场，建立了商品交换的平台，他们趋利而来。宰便、平正、纲边、秀塘等贵州的壮族聚居区，与广西环江相连，具有天时、地利、人和的优势，从广西过来的商人，变行商为坐贾。教育的兴起，改变了人们的传统观念，使人们接受和掌握知识的渠道更多更广。商品交易的繁荣，则刺激了当地的社会生产，"日出而作，日落而息"的自给自足的自然经济开始受到了冲击。可以说这一时期的移民，从经济基础到上层建筑，都给贵州壮族地区带来了全新的面貌。

晾布

● 百事教为先 ●

　　贵州的文化教育起源较早，汉代即有尹珍、舍人、盛览三位文化名人，被列为"汉三贤"加以纪念。但贵州的文化教育在各地的发展并不是平衡的，尤其是处于"化外之地"的壮族地区，文化教育水平更是参差不齐。明王朝建立后，就拟在贵州设置儒学。《明实录·太祖洪武实录》卷二四一记载："贵州都指挥使司、平越、龙里、新添、都匀等卫，平浪等长官司诸种苗蛮，不知王化，宜设儒学使知诗书之教，立山川社稷诸坛场，岁时祭祀……"当时贵州的各个民族都以自己的母语作为日常社交语言，以言传身教传承本民族的乡土知识和社会习俗文化，多数不通汉语。由于没有掌握汉语，因此初涉儒学，学习成绩提高不快。《明实录·宣宗宣德实录》卷三二便记载这种情况："贵州各府学校新立诸生，皆自童蒙入学，蛮性未除，学业难就。若比内地府学每岁选贡，实无其人，请比县学三年一贡。"少数民族学生甚至被认为是"鴂舌之徒，教养无成，不堪选贡，徒费民供，无益国家"，而欲"乞罢其学"，剥夺他们受教育的权利。明朝在边远地区设立的儒学，多数在交通沿线和屯兵、屯田之地，以及对外交往频繁、经济文化相

高文壮族村中心完小教学楼

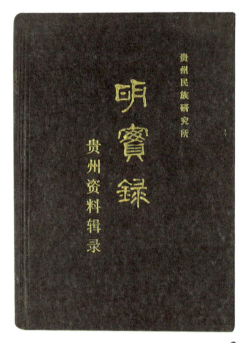

《明实录》选本

对发达的地区。在边远、偏僻的少数民族地区建立的学校很少，甚至是空白。《明实录·高宗实录》卷一九五记载："黎平府之古州，虽未设学，而苗民繁庶，颇知向学，请择其文理明顺者量取一二名，附入府学苗童之后，以示鼓励。"据《黔南识略》卷二二记载，永从县仅有学校两所，古州"无学校，苗童附入府属考试，寄居民籍附入府属分别考试"。而在贵州壮族聚居的中心地区，尚无学校教育可言。

直到清朝末年，在壮族、苗族、侗族等的共同开发下，从江的宰便地区已成为从江西部的经济中心。大约在清光绪二十年（1894 年），宰便地方绅士莫雍（号寅发，壮族）开始设立私塾，聘请广西宜北（今环江）人卢国桢为家庭教师，起初只教其子一人，后来才在家中设学馆，动员附近村寨民众送子女入学，主要是壮家子弟，也有个别苗族子女入学，从此从江西部地区才开始有正规的教育。民国 21 年（1932 年），创办了宰便小学。至民国 26 年（1937 年），宰便地区建立保（村）小学 13 所，宰便小学有学生 140 余人，其他各保小学共有学生 330 余人。据不完全统计，1894~1931 年，在宰便地区任教的教师有 7 人，其中 6 人是广西的壮族，占 85.71%，来自邻近的广西宜北；湖南 1 人，占 14.29%。1932 年至 1937 年，从外地到宰便地区任教的教师有 18 人，广西的壮族有 16 人，占 88.89%，其中 10 人来自广西宜北，3 人来自广西罗城，3 人来自广西三江，贵州本土教师 2 人，占 11.11%。

抗日战争爆发后，宰便地区的学校教育也因此而断断续续。宰便小学1937年停办，1945年恢复。至1948年，据不完全统计，在该校任教的教师有14人，来自广西的壮族有8人，占57.12%，其中3人还是广西柳北纵队派到黔桂边界从事革命活动的中共地下党员。宰便本土的壮族教师有4人，占28.57%。贵州省内的教师（榕江）有2人，占14.29%。1946年，宰便小学（时称禹甸小学）有13名学生到下江报考初中，有9人被录取。从此，宰便开始有自己的中学生。

集资建校功德碑

可以这么说，中华人民共和国成立前贵州壮族地区的学校教育的发展，主要是外地人尤其是广西壮族进入授课的结果。据不完全统计，从1894年设立私塾起，到1949年新中国成立前，从广西到宰便地区任教的教师就有37人，其中来自邻县宜北（广西环江）的就有29人。这些有识之士的迁入，虽然人员并不多，但影响是深远的。首先，他们给当地带来了新式教育，人们可以进入学校系统地学习现代的科学文化知识，拓宽了视野，加强了对外的联系，促进了当地社会、经济、文化的发展。其次是推动了当地民众观念的更新，使他们从自身封闭的文化圈中跳出来，开始接受外来的先进文化。而现代教育模式在人们心理上引起的震荡，就像水波一样扩散，影响是持续而深远的。加榜乡下尧村就是现代教育的受益者。下尧村壮族比较重视文化教育，在中华人民共

壮族学生在上课

和国成立前，村寨内各户已自筹资金，聘请老师，教授《增广贤文》《三字经》《百家姓》等。现在该村70岁以上的老人都能从头至尾流利地诵读这些名篇，他们还经常用这些传统文化教育自己的子孙后代。新中国成立初期，各级政府为了提高农民的文化素质，号召全民办夜校扫盲，主要是认字和练习珠算。

下尧人因为先天文化基础较好，又赶上这样的好机会，全村掌握珠算的人员较多。当时加车、达州、小平、平妹、尧贵、加榜、平引、平忙等村的会计，都是由上级部门从下尧村聘请。下尧村外出工作的人也比较多，现在光荣退休的下尧人都是那时候进夜校学习后参加工作的。再如从江西部的秀塘壮族乡，虽然远离城镇，但在新中国成立前便有两所小学，一所是1937年创办的南马小学，另一所是1942年创办的高沿小学。全乡现有中学1所，小学10所（点）（完小4所，初小4所，教学点2个）。全乡教育发展较快，被誉为从江教育的一颗璀璨明珠。1993年，秀塘壮族乡在黔东南苗族侗族自治州"乡镇教育督导评估"中被评为"教育工作先进乡"；1997年达县"基本普及初等教育""基本扫除青壮年文盲"验收合格（科级乡）；2001年通过县"普九"验收；2005年顺利通过省人民政府的"两基"验收。秀塘壮族乡在20世纪70年代初，已有人考入大学，现有博士生1人。秀塘壮族乡的文化教育在从江县名列前茅，民众普遍重视教育，积极送子女入学，与壮族地区较早开展学校教育不无关系。

● 桃源镇的兴起 ●

　　明清时期贵州的市场交易虽已兴起，但多见于交通沿线和卫所屯田之地。汉化程度越高的地区，市场发育越早。如安化县（今思南县境）"场市十八，各有定期"，黄平州"场市城乡俱有，以十二地支分配赶集"，天柱县"场市十一"，龙里县"城乡集场五处：小场、大坝、羊场、比孟场、湾寨场、虎场，以卯、酉、寅、未日为期"。但贵州壮族所居之永从、下江、古州等地并无场期及集市贸易。由于没有市场交易，民间百姓无银上税，只能以物折价，用棉花、布匹甚至鸡鸭等折价交纳赋税。"历听诸苗分携棉花、苎麻、布疋、鸡子诸物赴官折纳，官为变价。"从江县宰便地区，既是从江县西部的中心及壮族分布与活动的中心，也是西部各民族交往的中心，它是月亮山东麓各县通往广西北部的一条重要通道。宰便地区方圆50多公里，直到民国初年还没有集场，壮、苗、瑶、侗等族人民，仍然保持着自给自足的自然经济。各族人民生活所需的盐巴、衣针等生产、生活资料，只能与游乡串寨的货郎进行"以物易物"的不等价交换。据20世纪80年代初期调查，

壮乡卫生室

这些地方在中华人民共和国成立前，多数地方仍然是"以物易物"为主。"五十斤谷子换一斤盐；一斤鸡换一斤盐；一碗米换一根针；一个蛋换一根针；一个蛋换一盒火柴；一个蛋换一个石烟斗；三十个银毫买一斤盐；五十个制钱买一个土碗；一百个制钱买一个瓷碗；八个银毫买一个鼎锅；六个银毫买一个小鼎锅；五个银毫买一个犁铧。"各族百姓不得不进行"不等价"的交换。

1920 年，宰便地方壮族首领、团总、富裕户莫寅发（壮族）带头开辟大寨（宰便）的河边小坝子为市场，规定每月农历初八、十八、二十八为赶场日。集市的建立，招来了邻近的广西三江、宜北、罗城、南丹等县和本省榕江、荔波的小商小贩，以及方圆百里内的各族人民到新开辟的集市做买卖，出卖山货，购买日常用品。莫寅发为了自身利益和便于来往行商歇宿，集资修造了木板瓦房 10 多间，木条草房 10 多间，排列在场坝两侧。除用两间作为客栈外，其余房屋皆租赁给寄居的客商开设店铺，摆摊子，使这个新开辟的集市成为日趋热闹的山区小镇。当地百姓因为这个集市坐落在"孖成河"边，便把它称为"孖成街"。随着这个山区民族商品市场的扩大，市场日渐繁荣，迁来的客户逐年增加，人口也越来越多。一些商户建议把宰便大寨、小寨和场坝统称为桃源镇，含有世外桃源之意。为与此意贴切，莫寅发动员群众，在沿河两岸和村边寨沿，栽种了大量的桃树。春暖花开，桃花竞艳，每逢场期，各民族色彩斑斓的服装，以及银光闪烁的银饰，与桃花交相辉映，使桃源镇还颇有些太平盛世一派祥和的意境。1934 年莫寅发死后，这些桃树因为无人管理，逐渐枯萎。至今，在宰便沿河两岸和附近的村寨，还随处可见人们零星种植的桃树，也算是当年桃源镇的遗迹吧！宰便的兴旺与祥和，偏僻而又与世无争，在军阀混战、民不聊生的民国时期，确实成为人们的向往之地。据调查，当年到此地避难的，有仕途失意的旧官吏，有不愿充当炮灰而变身为黎民百姓的下级官佐，有逃避国民党拉兵拉夫的农民，有寻找职业的乡村小知识分子等。外来人员的涌入，刺激了当地的消费，也积累了资金。宰便地区学校教育的发展，与资本、人才的积聚有一定的关系。在政府部门没有资金投入教育的情况下，民间资本发挥了主要作用。贵州壮族地区商品经济和文化教育的发展，可以说是相辅相成的，互为条件和前提。

时至今日，宰便镇仍然是从江西部月亮山、太阳山区七乡一镇的交通枢纽和商贸集散地，是从江西部七乡一镇经济最为发达的乡镇。现有集贸市场1个，逢农历的二、七赶场，基本上是5天一场，商业活跃，交易的商品以林、农土特产和生产资料、日常用品为主。宰便街上的居民，也以壮族为主。他们的祖先，一部分是在宰便开辟集市时，从广西环江等地来做生意最终定居于此的。因为商业贸易的交往而迁入贵州，是贵州壮族移民的一种新方式。而这一新的移民方式，在随后的21世纪80年代后期，随着改革开放而得以发扬光大。

从江刚边电站

● 迁居贵州的壮族 ●

　　1949 年 10 月 1 日，中华人民共和国成立，贵州省的行政区划没有新的变化。除从江县外，贵州壮族的人口发生了一些变化，主要是历史上一些壮族人口较多的县份，壮族人口减少了。如荔波县，从明代以来，一直到清末，都是壮族人口较多的县，史籍记载也比较详细。"仡僮苗在荔波县，男子善耕作，妇人工纺织，短衣短裙，仅以遮膝。亲死不棺，反唱歌，镶木板殓而停之。及葬，子女哭必出血，守坟三月而还。""僮人，荔波有之，服食同徭人。""荔波县有苗六种：一曰水苗，二曰侟苗，三曰伶苗，四曰侗苗，五曰徭人，六曰僮人，俱错居境内十六里中。"而汉民很少或没有。王士性《广志绎》记载："荔波无一民。"即认为荔波境内没有汉族。为什么出现这种情况呢？因为此前进入贵州的汉族，多数分布在交通沿线和屯军、屯田地点，偏僻边远的地区汉族人口较少或没有。清中期以后，移入贵州的汉族逐渐增多，但在荔波县，汉族也还是少数。荔波"境内共五百九十四村寨，苗户一万八千一百零五户，汉民一千五百零三户。又城箱（厢）

准备出工的壮家妇女

内外汉民七百六十五户，共计汉民二千二百六十八户，皆住山坡，不居苗寨"。汉族户数占全县总户数的十分之一左右。但到 1953 年全国第一次人口普查时，荔波县的壮族仅有 28 人；1964 年第二次全国人口普查时，荔波县有壮族 97 人；1982 年第三次全国人口普查时，荔波县有壮族 796 人；1990 年第四次全国人口普查时，荔波县有壮族 1253 人，占荔波县总人口的 0.86%。2008 年底据荔波县公安部门统计，荔波县有壮族 1356 人，主要分布在玉屏镇、佳荣镇、洞塘乡、翁昂乡和立化镇。从江县虽然是全省壮族人口最多的县，但较之民国时期，人口也有所下降。《从江县志概况》记载："民国三十年（1941 年），永从县和下江县合并为从江县，民族有汉族约占 8%，瑶族约占 7%，仗（壮）族约占 15%，苗族约占 33%，侗族约占 37%。"之所以出现这种情况，是因为中华人民共和国成立后，在认定民族成分时，都以民族自愿为原则，一些过去称为"僮"的人们共同体，自报为布依族或侗族，或者苗族。只有少数村寨，因与广西的壮族还有亲缘关系，所以报为壮族，使贵州壮族的人口减少。

　　中华人民共和国成立至今，广西壮族迁入贵州大致可以分为三个时期。第一个时期是 20 世纪 60 年代中期，大批的广西青年来到贵州从军，他们中的绝大多数是壮族。从军队复员转业后，有许多人留在贵州。贵州各地党政机关、公检法部门中的壮族同志，以及贵阳市以西、以北部分县市的壮族同胞，大多数属于这一部分人。随着岁月的流逝，他们多已退居二线。因为姻亲的关系，他们的子女，有的报为壮族，有的报为其他民族。第二个时期是 20 世纪的 80 年代中期，又有大批的广西壮族青年进入贵州的武警部队，他们中的一些人或从部队转业到贵州各机关、部门工作，或复员后留在贵阳等地务工，安家落户。与此同时，也有部分大中专毕业生进入贵阳等地，成家立业。另外因文

● ⋯⋯⋯⋯⋯
耙田

插秧

化交流的需要，一些教练员、运动员等作为特殊人才引进贵州，充实了贵州的体育队伍。第三个时期是党的十一届三中全会后，随着经济体制改革和市场化的深入，贵州蕴含的无限商机，吸引了广西的有识之士进入贵州，人数之多，已超过前两个时期，而且这一现象仍在继续，这也是近几年来贵州壮族人口迅速递增的主要原因之一。

据资料统计，贵州壮族的人口，1949 年全省有 10 054 人；1950年有 12 618 人；1953 年全国第一次人口普查，全省壮族有 13 857 人；1964 年第二次全国人口普查，贵州省壮族有 14 978 人；1974 年统计，全省有壮族 19 676 人；1982 年第三次全国人口普查，贵州省壮族有27 687 人；2000 年第五次全国人口普查，贵州省有壮族 52 065 人。2010 年第六次全国人口普查，贵州省有壮族 52 577 人。

从宋元之际壮族进入贵州以来，直到清末民初，迁入贵州的壮族基本上都分布在两省边界。抗日战争爆发后，随着广西的沦陷，部分壮族进入都匀、贵阳等地。中华人民共和国成立后，从军以及干部配备等使贵州壮族的居住格局发生改变，并向西、向北分布。1982 年第三次全国人口普查显示，全省除习水县、印江土家族苗族自治县、沿河土家族自治县外，其余各县市均有壮族居住。而其中绝大多数县市的壮族迁来的时间不长。

现今贵州壮族的分布特点，呈现两大趋势，即农村壮族的分布仍沿袭祖辈的居住习惯，多聚族（民族）而居，聚姓（家族）而居。而城市壮族的分布特点，就是一个"散"字。由于壮族没有特殊的生活习俗和宗教信仰，绝大多数人又掌握汉语，使他们很容易融入所居社区之中。

从抗日战争以后直至今日，贵州壮族的迁移也具有与以往不同的特点：一是迁入贵州的壮族，由过去的邻近贵州的广西各县市迁入，扩大到整个广西各县市，即来源更为广泛。二是迁入的壮族群体，文化程度较高，不论是从学校毕业分配工作，还是参军后转业参加工作，或是作为特殊人才引进，都具有较高的学历水平。三是迁入的壮族群体更年轻化，以青壮年为主。四是迁入的人员成分更为复杂，工、农、商、学、兵，各行各业，各类人员都有。五是以个体的、零星的迁移为主，家族式的、村寨式的迁移已鲜见。

壮族芦笙小后生

GULAOQIANQIU
古老千秋
DE
HUNSU
的婚俗

● 喜结连理的 "歌婚"

在贵州壮乡，青年男女经过自由恋爱而成婚的称为"歌婚"。

为什么叫做"歌婚"呢？

贵州壮族青年男女认识、交往，山歌是他们情感交流的主要载体和方式，是他们互通信息、彼此了解的桥梁。青年男女们最主要的社交对歌场合，一是在新娘新郎举行婚礼的时候。到时，新娘寨子上除个别有事的姑娘外，其他年轻姑娘往往全体出动，都争着陪新娘出嫁"丕故韶"和"讨银钱"，除伴娘在婚礼后陪新娘返回娘家之外，其他姑娘都会留下，与新郎寨上的男青年们"行歌坐月"，对歌趣谈，认识新朋友。二是在逢年过节的时候，利用"走客""年歌赛""讨棉花""吃乡食"的机会，一些男女青年通过对歌的机会认识，进而相爱，最终冲破各种阻挠，走到了一起，喜结

八字不旺人愚笨，蛮牛原本勇无谋。
心想跟姣结朋友，枉然有口口难言。
前日先生来占卦，昨晚做梦捡黄金。
八字不旺人愚笨，蛮牛原本勇无谋。
有缘千里来相见，无缘见面添忧愁。
心想跟姣结朋友，枉然有口口难言。

姑娘们答道：

修路架桥等人走，结交朋友有何难。
姣家住在路上坎，朋友见面是平常。
溪边有塘又有水，水牛玩水何用谋。
修路架桥等人走，结交朋友有何难。
一回陌生二回熟，人走江湖靠有胆。
姣家住在路上坎，朋友见面是平常。

小伙子们试探唱道：

月亮星星在天边，闪烁耀眼似银盘。
若能下凡来结伴，晓得有缘是无缘。
人人羡慕三月三，鲜红牡丹满花园。
月亮星星在天边，闪烁耀眼似银盘。
八月十五月儿圆，银河弯弯在中间。
若能下凡来结伴，晓得有缘是无缘。

姑娘们则大方地应答：

三月清明鱼上滩，用网来拦方牢靠。

迎宾舞

芒筒舞

过了秋分收晚稻，家家就要关禾仓。

一日之计在于晨，趁早出门耙秧田。

三月清明鱼上滩，用网来拦方牢靠。

机会来了是缘分，莫留余恨到明朝。

过了秋分收晚稻，家家就要关禾仓。

小伙子们则想知道姑娘们的真实态度，开口唱道：

先生算命看得准，模棱两可靠不着。

石头上面无花果，话哄阿哥穷开心。

水推沙子木叶漂，岩石要撬才翻身。

先生算命看得准，模棱两可靠不着。

黄面白心才是米，葫芦瓢里没果核。

石头上面无花果，话哄阿哥穷开心。

姑娘们当中，不乏有意和小伙子们结交者，她们便用歌声表明自己的态度：

讲一就是一，莫疑讲成三。

说单就是单，欺骗有何益。

说鸟就是鸟，不要讲成鸡。

讲一就是一，莫疑讲成三。

东西和南北，分开成四边。

说单就是单，欺骗有何益。

小伙子们一听有戏，忙介绍自己的情况和处境：

要讲真来就讲真，乾坤本来有云尘。

九冬腊月天寒冷，阿哥单身苦伶仃。

穿件衣服无人洗，自己泡米自己蒸。

要讲真来就讲真，乾坤本来有云尘。

拿个簸箕团不起，老糠伴米一路蒸。

九冬腊月天寒冷，阿哥单身苦伶仃。

姑娘们则进一步暗示小伙子们：

一丘梯田在高山，梯田弯弯秧未栽。

哪位有心年轻仔，上得山来把秧栽。

小路曲曲山坡陡，没有人走也为难。

一丘梯田在高山，梯田弯弯秧未栽。

秀丽高山春风吹，有山有水又有柴。

哪位有心年轻仔，上得山来把秧栽。

小伙子们担心姑娘们已订有"娃娃亲"等，心情惆怅地唱道：

三月清明下谷种，四月匆忙把秧栽。
阿妹大田已安排，早有人栽苗转青。
遗憾自己迟几秒，别人行早骑蛟龙。
三月清明下谷种，四月匆忙把秧栽。
坐个通宵谁莫走，同席喝酒心开怀。
阿妹大田已安排，早有人栽苗转青。

姑娘们见小伙子们胆怯，便鼓励道：

木秤称量靠秤砣，终身无托女儿忧。
你有我有大家有，桃树枝头百花开。
烈日当头无凉伞，怎能过完六十秋。
木秤称量靠秤砣，终身无托女儿忧。
只要阿哥有真情，弃家出行外乡游。
你有我有大家有，桃树枝头百花开。

看到姑娘们如此开朗、大方，小伙子们也不甘落后，他们唱道：

阿妹有心哥有胆，天赐姻缘来相亲。
自作决定方可信，碎骨撕心不怨人。
钢刀不怕石头磕，不到黄河心不甘。
阿妹有心哥有胆，天赐姻缘来相亲。
六十相依共肝胆，海枯石烂不变心。
自作决定方可信，碎骨撕心不怨人。

姑娘们意犹未尽，向小伙子们发出了"在天愿作比翼鸟，在地愿为连理枝"的呼唤，定下了约会的时间、地点（当地场期为农历每月的初六、十六、二十六赶集时双方约会）：

阿哥阿妹真心爱，好似天霏现彩霞。
双方结义订婚嫁，枷锁铁闸不难人。
马家公子没感觉，要学山伯与英台。
阿哥阿妹真心爱，好似天霏现彩霞。
哥哥用心去等候，每月逢六叙心话。
双方结义订婚嫁，枷锁铁闸不难人。

"歌匣子"打开了，双方便你来我往，以歌谈哲理，谈人生，更多的是谈双方的兴趣、爱好。姑娘、小伙子们经过一夜的对歌趣谈，第二天早饭后，双方要分别了，按壮家的习俗，分别要唱辞别歌。对于未婚的青年男女们来说，辞别歌不再是集体对唱，而是有自己选择的对象。如果某对男女青年虽然唱了一夜的歌，但双方还没有擦出爱的火花，只是一般朋友，则男方会对女方委婉地唱道：

从江县翠里瑶族壮族乡歌节

同伴就要走，仰慕口难说。

无奈命蹉跎，不如莫相会。

即将要过桥，难舍好朋友。

同伴就要走，仰慕口难说。

有缘喜相逢，恨时辰紧迫。

无奈命蹉跎，不如莫相会。

女方这次虽然没有遇到一见钟情的人，但还是希望继续关注、交往下去，她会安慰男方：

三天为上客，分别莫伤感。

朋友常挂牵，会面在下月。

人走心不走，莫愁人影落。

三天为上客，分别莫伤感。

耐火是真金，永远心相连。

朋友常挂牵，会面在下月。

在女方的歌声中，留下了些许的希冀。男方会挽留唱道：

走完寨子过寨门，几步赶登小桥边。

朋友越走离越远，慢行一点也无妨。

寨子不好人后悔，山水不美盘古分。

走完寨子过寨门，几步赶登小桥边。

过了寨门就小跑，到家迟早总团圆。

朋友越走离越远，慢行一点也无妨。

对于男方的依依不舍，女方则惋惜地答道：

太阳偏西到酉时，天快黑漆别朋友。

再舍不得也要走，今后还有机会来。

山水秀丽树缠藤，遗憾姣们命不齐。

太阳偏西到酉时，天快黑漆别朋友。

吩咐亲戚和朋友，不嫌坡陡常来游。

再舍不得也要走，今后还有机会来。

见女方执意要走，男方又询问唱道：

劝好朋友且莫忙，午时太阳正火辣。

屋里有人喂牛马，妹忙回家为哪般？

人生分离最痛苦，龙凤肉煮吃不香。

劝好朋友且莫忙，午时太阳正火辣。

若是春季忙春耕，应转回程把秧插。

屋里有人喂牛马，妹忙回家为哪般？

分别在即，因为在这次"丕故韶"中没有寻觅到意中人，女方难免有些情绪低落，但此时也敞开心扉，表露心迹：

姐妹也想不回程，此地无人送田耕。

无可奈何往回奔，途中受冷有谁知。

端午各门挂菖蒲，与谁相顾情物赠。

姐妹也想不回程，此地无人送田耕。

莫要一时想不开，互相往来梦成真。

无可奈何往回奔，途中受冷有谁知。

……

如果某对男女经过一夜的座谈、对歌，双方已有情意，暗结情愫，则男方会对女方唱道：

船伴水东流，没码头操心。

秋去冬寒凝，阿哥心着急。

一夜抒情意，欢喜又发愁。

船伴水东流，没码头操心。

分别心烦恼，何时鸟同林。

秋去冬寒凝，阿哥心着急。

女方则会嘱咐男方注意饮食，不要酗酒，保持身体健康，努力学习和工作，以歌作答：

心似鸳鸯鸟，迟早要同宿。

誓言牢记住，朝耕暮攻读。

徘徊迟返程，流连风光好。

心似鸳鸯鸟，迟早要同宿。

莫贪杯中物，食宿自有度。
誓言牢记住，朝耕暮攻读。
······

　　与广西的壮族不同，贵州壮族男女青年的对歌以室内为主，野外的"飞歌"多局限于熟知的人或自娱自乐。而广西壮族的对歌以户外为主，特别是春节后至春耕前的一段时间，三五成群的户外对歌随处可见，而"三月三"的歌会，场面盛大而隆重，早已名声在外了。是贵州的壮族把户外对歌移入室内？还是广西的壮族把室内对歌移出户外？是广西壮族变革了？还是贵州壮族改变了其原始风貌？这些差别我们姑且不表，留给他人探索。但山歌作为壮族青年男女的主要交往方式则是相同的，它就像月老的红线，使多少有情人终成眷属。

　　壮族男女青年虽然可以通过"坐姑娘"和集体串寨"打老庚"等社交活动，由弹琵琶对歌、趣谈而结识，经过感情交流进而互换信物，私订终身。但因受传统婚俗的影响，男方还是要请媒人告诉双方父母，经双方父母同意后，按传统婚俗成婚。我们可以把这种不管是自由恋爱也好，还是媒妁之言也好，最后经过正式婚礼结成夫妻的，称为正常的婚姻。除正常的婚姻形式外，壮族还存在一种"不正常"或"被逼"的婚姻形式，一般有两种情况：一种是男女双方自由恋爱，私订终身，经请媒人提亲后，遭到女方家长拒绝，但男女双方情深意切，非结连理不可，男方家长也不反对，则男方于某夜杀一只鸭，请女方及其一两个女伴到男方家吃宵夜，形似聚会，其实双方已完婚，到第二天女方家长及邻里才知道。第二种情况是男女双方均有意，但双方父母都反对，则男方会在某一天请女方到男方亲戚家吃宵夜，住上两三天，表示完婚。俗话说"生米煮成熟饭"，到如此地步，家长们要打要骂都晚了，只能认可。之后，男青年会带上礼物，送女青年回家，并向女方父母提亲。一般遇到这种情况，女方父母都会同意这门婚事。如女方已许配他人，或受到舅家的干扰，则按当地的习俗处理，双方共同协商，考虑赔偿事宜。这是壮族男女青年不得已而采取的一种反抗包办婚姻的婚姻形式。过去贵州壮族地区也曾有过"抢婚"的现象，在新中国成立后就消失了。总之，在壮族各种婚姻形式中，有一点是形成共识的：在婚前，双方都要洁身自好，非婚怀孕、婚前怀孕及私生子在社会中会受谴责和歧视。

　　近年来父母包办婚姻相对减少，自由恋爱已成为缔结婚姻的主要途径。只是近年来由于外出务工及传媒、娱乐方式多样性的影响，青年男女"出口成歌"的能力大为下降，真正的"歌婚"已不多见了。

● "下楼梯"的寓意 ●

　　外人或许不知，对贵州的壮家而言，"下楼梯"并不只是字面上所表达的意思那么简单，即不仅表示"从楼上下来"的意思。在壮乡，经常有这样的场景：中老年妇女们看到一个令人喜爱的姑娘，就会情不自禁地用壮话问这个姑娘：你这个姑娘长得实在漂亮，"下楼梯"了没有？未婚的姑娘听到这样的问话，一定会羞红了脸跑开，因为她们问的话太让人心跳了。赞美姑娘是真的，但她们并不是对姑娘"下楼梯"感兴趣，而是关心姑娘出嫁了没有。因为贵州壮族把新娘出嫁叫"楼吕"，"楼"即"下"，"吕"即"梯子"，直译为"下楼梯"。而新娘出嫁踏进夫家大门也就被称为"很吕"，"很"即"上"，直译"上楼梯"。

　　"下楼梯"是壮家姑娘出阁时需要举行的仪式，来接亲的姑娘到大门前报告娶亲的队伍即将来到后，新娘的父母即敬过祖先，由本房族的一位堂姐或堂妹将出嫁的姑娘背下楼梯，交给娶亲的队伍。新娘到夫家进门时还有一个习俗，即新娘要提一桶米（新郎家事先准备好的）上新郎家的梯子，如果是头婚，就隔一级而上梯子，如系寡妇再嫁或

壮族民居

依山而建的壮族民居

离婚后再婚，则必须隔二级而上。所幸的是，壮家房屋的第一层并不
算高，一般在 2 米左右，进屋的梯子由一根大杉木一剖为二，呈半月形，
梯子中间用宽约 0.2 米的木板卯接而成，各级间的高度差也不是很大，
隔一级、二级而上也不是太难的事情，而且也仅限跨上梯子的第一步。
为何要如此难为新娘呢？老百姓说不出个所以然。或许是让围观的人
们容易辨认新媳妇的身份吧。只是这个习俗实在是让寡妇或再婚的人
寒心啊，未进家门便领教了个"下马威"！大家可以试一下，提一桶
米隔一级上梯子尚勉强可为，隔二级可就不怎么好走了。好在有些地方，
如从江的宰便地区，人们把一块木板搭到梯子的第三级上，让新媳妇
从木板上走过即可，这可能是一种人性化的改革吧。同时新娘应以左
脚先上楼梯，也以左脚先进门，表示自己是这个家庭中的主人，如果
以右脚先进家门，人们就会嘲笑她不懂规矩。

　　为什么把姑娘出嫁称为"下楼梯"呢？这与贵州壮族的建筑习俗
有关。

贵州壮族的村寨，多修建在半山腰或坡脚河边，因而在这些地区流传着"平地侗、壮山腰、苗瑶住山巅"的说法。壮族村寨一般分布在海拔 300~1000 米。在这样的地理位置上，一来空气清新，视野开阔，二来日常生活、农事活动也比较方便。人们耕种的田地便在村寨的周边，生产用水、生活用水可自流，燃料容易从村寨背后的坡上获取，减轻了一定的劳动强度。壮家的房屋以干栏式木制建筑为主，盖瓦或杉树皮。房屋开始修建时多呈正方形，之后随着家庭人口的不断增多而在房屋的两头立柱增修新房，使房屋横向发展。即使兄弟分家，如果条件许可，也要在原屋基的左右，按照老房子的高度和宽度建房，很有点像火车加车厢，一长排房子便是一个大家庭或大家族。在这一长排的房屋里，屋与屋之间是相通的，虽然建有房门，但既不上门闩也不加锁，仅作为装饰和挡风之用。这种建房形式，全家人或家族居住在一起，人多势众，据说在旧社会可防土匪，其实是壮族传统的大家庭生活习惯的反映。由于房屋首尾相连，甚至一个村寨也仅是几排、十几排房子，每遇火灾往往一村一寨、一家一族都化为灰烬，故特别需要防火。因此贵州壮族产生一个民俗活动，即秋后的"退火殃"，利用民俗祭祀活动宣传安全用火常识，这是因居住形式而衍生（或受其他民族浸染）的一种民俗文化。

贵州壮族的干栏式房屋，外观上看，好似有上下两层，两节柱，屋内其实有三层。下层一般分为碓房、磨房、牛栏、猪圈、鸡舍、鸭舍、

木质建造记忆签

厕所,以及堆放犁、耙等大型农具;中层是生活区,有正厅、火塘、神龛、卧室等;上层一般在屋檐之上,四周比较低矮,只有中间略高,主要放置粮食、杂物和匠人的工具等。进出的梯子架在房屋的左(右)侧,梯子上头连接阳台处有一道门,其作用如同院门。进门后便是一个走廊,也称阳台,走廊面朝东或东南,以便采光和晒东西。壮家房屋的阳台(当地称为廊檐)较宽,一般有2~2.5米,长度不限,摆有长凳子或竹木椅。在阳台的一角一般都摆放有织布机或弹棉机、纺纱机等。农闲的时候,壮家妇女们按不同的辈分、年龄,带着针线布料,集中到某一家的廊檐下,边做女活边交流技艺心得和思想感情。平时也可以在走廊上纳凉、织布、待客。阳台的正中才是房屋的大门。正对大门的是主人家的神龛祖位,称正屋,正屋的左或右边是灶塘。老人们的卧室多在神龛后面或灶塘内的里屋,年轻人的卧房则在房屋两侧的厢房或偏厦。

禾晾

　　"禾晾"系贵州壮族晾晒糯禾的设备,壮语叫"廊"。"禾晾"一般竖立在进寨路边的小溪旁、坡地边、田边,距寨子、房屋有一定的距离,以防火患。"禾晾"有两种式样,一种形如亭阁,四方形,亭顶盖"人"字形杉树皮,四周亭柱均装横木,禾把即晾晒于横木上,晾干后收入禾仓。另一种"禾晾"的制作方法比较简单,即在地面上栽立两根粗大的杉木柱,高约6米,两根柱子的底部和顶部由两根穿枋榫卯连接,防止散架。在两根穿枋的中间平行搭架着10余根圆木,禾把就挂在这些圆木上。这种"禾晾"有的在顶部还搭盖有"人"字形的遮雨棚。由于各家种植的糯禾较多,每户的"禾晾"都有1~3个不等。

贵州壮族的建筑形式基本上类同于当地侗族、苗族的建筑,而与邻近桂北一带的壮族房屋有区别。桂北的壮族兄弟成家后多分开另住,房屋的地址也自由选定,由小儿子居住老屋、继承财产及抚养双亲。而贵州的壮族则以大家庭居住为主,随着家庭人口的增多,住房拥挤,便在原屋基或左或右增修房子。贵州壮族家庭的分解,一般在两种情况下出现:一种情况是原屋基左右已无位置增修房屋,家长便同意在原屋基的前后或附近适当的地方另起房子。立新房的原则首先要考虑的是,只要地形许可,应与原屋基越接近越好,要方便大家来往;其次应考虑今后的发展空间,两头还可以增修房屋。新起房屋的经费、材料、

人力等，由全家共同负担，房屋修好后再分家，财产分配由家长决定，兄弟间很少出现争夺财产的现象，姑娘们要外嫁，自然没有财产继承权。兄弟分到新屋居住后，如子孙繁衍，人口增多，便在此屋基的左右修房子，时间一长，便出现一个家族两个家庭，两排房子。另一种情况是父母双亡后，兄弟要分家，便出现一个家族几个家庭，也可能是一排房子，也可能是几排房子。壮族进入贵州已有600多年的历史，尽管家庭的繁衍很缓慢，如平正的孖点寨，清朝道光年间（1821～1850年）便开始有人居住，直到1959年还不到20户。但家庭在不断分解后，出现一村一寨便是同宗同姓一个大家族的局面。总之，父母在世，大家庭居住的格局是不会轻易改变的。

从外观上看，贵州壮族的房屋普遍呈梯形屋面"干栏"式建筑，房屋主体为三列两间，两头加偏厦是其特点之一。除住房外，壮族还建有谷仓、"禾晾"以及望楼等附属建筑。谷仓一般建在住房附近，用木柱架空，以独木梯登仓，独木梯平时就放在谷仓下。除门口外，谷仓的前后左右上下板壁镶嵌紧密，仓顶盖"人"字形杉树皮，防鼠防潮。在刚边一带，有的人家还修有望楼，与主屋相连，作为休息、眺望等用。

此外，壮族各村寨均有风水树，有的村寨四周还筑有石围墙，栽

禾晾架

插荆棘栏护，设有寨门供人进出。

　　由此可见，"下楼梯"一词的多重寓意，反映了贵州壮族干栏式楼居年代的久远和人们对干栏式建筑的喜爱。

　　干栏式建筑曾经是南方稻作民族主要的居住形式之一，其起源应该是多头的。明弘治《贵州图经新志》记载，贵州壮族"所居屋用竹为阁，或板木为之，人安其上，畜在其下……"今天，我们不能断定壮族是进入贵州后才采用的这种建筑样式，还是广西壮族的房屋建筑样式在干栏式的基础上有所变革。但是，贵州壮族把妇女人生中的大事——出嫁，称为"下楼梯"，进新郎家叫"上楼梯"，这应该是把干栏式建筑文化发挥到了极致，是居住文化在语言文化中的沉淀和反映。若干年后，人们或许不再修建干栏式房屋，或许干栏式房屋只能在博物馆中可以看到，但只要壮语还没有消失，"下楼梯"一词的寓意还将存在。如果你是一位年轻貌美未婚的姑娘，到了壮乡，想学"下楼梯"这句壮话是可以的，但千万不要不分场合轻易地就说出来。否则，热情好客的壮家小伙子便以为你想出嫁了，会把你娶走的！

● "讨银钱"的功夫 ●

　　"讨银钱"是贵州壮族姑娘出嫁时婚礼上一道必不可少的程序。因为壮族姑娘出嫁是没有什么嫁妆的，陪伴新娘出门的，除伴娘外，还有十几个或几十个未婚姑娘（视新娘寨子大小而定）。她们陪新娘来的目的名为"丕故韶"，既是增加婚礼的热闹气氛，也是为了认识一些年轻的小伙子，其实她们还有一个重要的任务，就是"讨银钱"，把结婚的喜庆活动推向高潮。也有一些已婚的或中年妇女与她们一同前来，但这些人仅作为对歌时送亲姑娘们的军师，为姑娘们出谋划策，解答疑难问题，并不参与对歌。

　　结婚的第二天早上，在新郎家的堂屋中间神龛之下，摆放三张方桌子连在一起，一个尚未煮熟的大猪头摆在中间的那张桌子上，每张桌子上摆放腌鱼、腌肉各两盘，七个酒杯，桌下摆四坛原封不动的糯米煨酒。在桌子两边摆着长凳子，新郎和陪同者坐在新娘对面的长凳子上。坐好之后，主人家焚香燃烛祭祀先祖，请来的师公开始朗诵"载媒"，其内容既是证婚，又是训诫。"载媒"之后，大家共用早餐，新娘告退，有的在伴娘的陪同下就回娘家了。而送亲来的姑娘们，就开始向新郎家唱"讨钱歌"，也称"讨银钱"。"讨钱歌"讲究秩序，先讨新郎家，再讨新郎的叔伯和房族，后讨新郎的其他亲戚、朋友。即由近亲唱到远亲，再到好友，男方来参加婚礼比较重要的亲朋都应一一唱到。

　　按规矩，姑娘们的第一首"讨

长桌婚宴

钱歌"要向新郎的至亲长辈如爷爷（奶奶）唱，新郎的爷爷（奶奶）必须唱一首歌作答并送钱。姑娘们收到红包之后，也要向新郎的爷爷（奶奶）唱感谢歌。一般来说，向一个人讨钱，至少要唱三首歌。

姑娘们先向新郎的爷爷"讨银钱"，她们唱道：

　　送孙媳妇登贵门，鞭炮阵阵鼓添乐。
　　公坐桌边笑呵呵，爷爷喝茶孙媳倒。
　　不要牛羊不要猪，向老主家讨几文。
　　送孙媳妇登贵门，鞭炮阵阵鼓添乐。
　　行船都用新竹篙，渡船靠岸船桨搁。
　　公坐桌边笑呵呵，爷爷喝茶孙媳倒。

新郎的爷爷把红包递给姑娘们并唱歌作答：

　　满屋有说又有笑，全家老少皆欢腾。
　　这点薄礼拿去分，买绣花针绣麒麟。
　　姑娘家居寨东西，因陪孙媳才来到。
　　满屋有说又有笑，全家老少皆欢腾。
　　张嘴无牙笨口舌，有心唱歌唱不成。
　　这点薄礼拿去分，买绣花针绣麒麟。

姑娘们得红包后便兴歌答谢：

　　送亲讨钱心有底，哪有这里送的多。
　　装一千枚满米箩，三百河坐头把椅。
　　金银财宝配良田，富贵双全无人比。
　　送亲讨钱心有底，哪有这里送的多。
　　公公长寿福禄喜，儿孙绕膝真快活。
　　装一千枚满米箩，三百河坐头把椅。

因为"讨银钱"是壮族婚庆的民俗活动，大家都心中有数，来参加婚礼的亲朋事先已做好了准备，都按各人的身份及家庭经济状况准备好了礼钱。但有些人自以为很有歌才，想与姑娘们较量个高低，便故意不给钱或少给钱，大家就不停地唱下去。《梳头岩的诉说》中送亲姑娘们向新郎戍儿的朋友小旺讨钱时唱道：

　　戍儿朋友小旺哥，二百四河最富奢。
　　有请你到桌边坐，姑娘说话仔细听。
　　现在就向你讨钱，启口难言不推托。

戌儿朋友小旺哥，二百四河最富奢。

接交朋友心要真，哥哥一声已叫过。

有请你到桌边坐，姑娘说话仔细听。

小旺与戌儿是一对死党，都是"富二代"公子哥，整天在二百四和三百六各村寨之间游荡，饮酒对歌，自认为才思敏捷，见多识广，出口成歌，故不急于送钱，开口唱道：

讨送亲钱请莫急，南北西东汇一桌。

戌儿贤妻在哪坐，先作自我介绍来。

昨日流浪到此村，身无分文打酒吃。

讨送亲钱请莫急，南北西东汇一桌。

朵朵鲜花相媲美，几十姐妹围长桌。

戌儿贤妻在哪坐，先作自我介绍来。

姑娘们了解小旺的家世和为人，见他扯开"讨钱"话题，知道他有意对歌，便将计就计，先夸奖小旺，唱道：

大户人家小旺哥，谦虚温和不作假。

身穿绫罗最潇洒，佣人牵马走皇城。

> 有钱还要有诚心，望你同情送亲者。
> 大户人家小旺哥，谦虚温和不作假。
> 来做媳妇八十年，莫急眼前介绍她。
> 身穿绫罗最潇洒，佣人牵马走皇城。

小旺故意摸着全身的衣袋，装出没有带钱的样子，故意只送十枚铜钱，唱道：

> 猎人三枪打一鸟，本来想跑后路断。
> 小旺随身带这点，也算兑现给了钱。
> 十枚铜板可是真，不信搜身解衣袍。
> 猎人三枪打一鸟，本来想跑后路断。
> 送亲姑娘说不够，我找朋友借来填。
> 小旺随身带这点，也算兑现给了钱。

姑娘们知道小旺作为新郎的好朋友，是"讨银钱"的重点户，他一定已为此做好了准备的，见他只拿出了区区的几文钱，所以不会轻易地放过他，便又唱道：

> 信口开河谁相信，腰包银锭重沉沉。
> 先师孔明看得真，何用搜身吓唬人。
> 盯着看你是姑娘，莫在他乡丢美名。
> 信口开河谁相信，腰包银锭重沉沉。
> 十枚铜板想脱身，不肯出钱莫高声。
> 先师孔明看得真，何用搜身吓唬人。

因后面还有姑娘们唱歌的对象，故经几番交锋之后，双方已探明了对手的实力，知道短时间内难以分出伯仲。小旺也不再与姑娘们纠缠下去，他从荷包中拿出两封银元放在桌子上后唱道：

> 讨钱送钱似对棋，双方用计叫将军。
> 今天算我被围困，银元两封做奖金。
> 故弄圈子逗着玩，你唱我还正合题。
> 讨钱送钱似对棋，双方用计叫将军。
> 天蓬元帅亦称能，恰遇大圣无处遁。
> 今天算我被围困，银元两封做奖金。

姑娘们见目的已达到，也不再为难小旺，把银元收下后回谢道：

> 大方公子本大方，有意拐弯探悉人。

打铁全靠硬铁镫，实在诚心好哥哥。

好山好水出俊郎，青出于蓝胜于蓝。

大方公子本大方，有意拐弯探悉人。

刚才失礼伤了情，得罪好心吕洞宾。

打铁全靠硬铁镫，实在诚心好哥哥。

总的来说，不管对方是谁，姑娘们对歌的内容，有赞扬对方勤劳富足的，有赞扬对方性情纯朴、广结良朋的，也有赞扬对方聪明睿智的。她们对谁唱歌，谁必须兴歌作答，给一定的钱，并饮酒一杯。实在不会唱歌的，则会说一些表示歉意的话，自觉地送钱、饮酒。钱多钱少无所谓，多者几元，少者一两角钱也可以。不过，她们也有故意跟人过不去的时候，认为某人给钱太少，再次兴歌"索取"，甚至还会唱些讽刺、挖苦的歌，引得满堂大笑。也有些人认为自己歌艺高超，欲跟姑娘们较个高低，故意拖延不给钱，或每对一次歌仅给一两角钱，双方便你来我往，山歌互答，把婚礼推向高潮。姑娘们认为钱给得差不多了，或对方认输拿钱了，或双方不分高下但时间已不多了，她们便兴歌作谢，把目标对准下一个。姑娘们来的人虽然多，但以五六个姑娘主唱，其余的人则坐镇助威。唱歌所得的钱及红包，均现场摊开放在桌面上，大家有目共睹，钱的多少也表现了夫家亲朋的多寡、他们的家境，以及为人是否大方。散席后姑娘们按人头把钱分成若干份，但按劳取酬，多者几元，少者几角钱，军师也不例外。对歌索钱并不是目的，主要是活跃婚庆气氛，过过歌瘾，是壮族婚礼中必不可少的节目，也是姑娘们大展歌喉、锻炼胆量、强化应对能力和提高歌技水平的时刻。可以这么说，壮族同胞已把本民族对山歌的喜爱和传承，发挥到了极致。

● 婚宴对歌·敬喜酒

● 长长的新娘路 ●

婚宴对歌·新娘家人唱讨糖歌，新郎家人发喜糖

　　人们或许会问，什么叫"新娘路"？壮家的"新娘路"有多长？是按实际的里程计算，还是按地面的直线距离计算？抑或是以花费的时间计算？是"田赛"还是"径赛"？

　　要回答这个问题，还得从贵州壮家姑娘结婚时的年龄和过程说起。

　　先说说提亲。

　　壮族的男青年在公开的社交场合，经过对歌看中某个女青年，或男青年的父母在走亲访友时看中某个女青年，均可以请媒人提亲。这是正常的婚配程序，尽管他们已经认识，提亲等于是把这层薄薄的纸捅破。如果某个男青年到了结婚的年龄，但自己没有意中人，他的父母心目中也没有合适的人选，可以由他父母出面请媒人帮忙物色。不论哪种情况，一般都是由父母出面请媒人。媒人也不固定，但都是与男方家庭或女方家庭关系较好的人，并且要为人诚实，人缘较好，有子有女。提亲的过程比较简单，一般由男方家买几斤红糖（要双数），两斤猪肉，由媒人送到女方家，说明来意。女方家一般很少当面拒绝，把礼物收下即可。

　　过了一段时间（一个月或两个月），媒人再来拜访，探听口风。女方家如同意这门亲事，双方便择吉日定亲。如女方家不同意，便按照媒人上次送来礼物，如数如样购买退回。也有不等到媒人再来拜访而在提亲后几天或十几天内，如数购买礼物退回的，表示自己无意这门亲事。总之，提亲仅仅是表达一种信息或意向，双方都有选择的权利，提亲失败并不影响双方的关系。只有一种提亲例外，即姑表亲，因涉及舅权制，女方如拒绝则会引起一些纠纷。

提亲后需经过定亲，男女双方才算确定关系。

不论任何一种婚姻形式，经过媒人提亲、女方父母赞成、其舅家也不反对的，男方便择吉日举行定亲仪式，即双方正式订婚。订婚这一天，男方家邀请三五个能说会唱的中老年男子，多为歌师或寨老，带香猪一头，煨酒一坛，十几斤糯米到女方家。如果没有香猪，则可带一只羊，增加一坛煨酒，但这种情况几乎没有出现。宴席间，男方家来的人先唱"结情歌"，即"定亲歌"，他们多以物寓情，如藤树为何相缠、山水如何相依等，转弯抹角，表达自己的心意。当然也有直抒来意、开门见山的。对歌时，双方各以二人领唱，其他人合唱。如女方来参加定亲仪式的房族亲戚较多，也可以分批与来客对歌，但对歌者必须是长辈，或与来客同辈但在村寨或房族中有威望的人，一般人只能旁听，妇女也不例外。某方对歌失败受罚饮酒时，双方必共呼"醉啊"！"醉啊"！待歌酣酒足饭饱方才罢休。定亲时，男方要送银项圈给女方作定亲礼

婚宴对歌·新娘家人唱讨雀歌，新郎家人发腌好的雀肉

婚宴上的猪头

物，其数量视男方家境而定，一至二三个不等，同时送 1.2 元钱（或以其为基数的两倍、三倍……）给女方父母，表示报答女方父母对姑娘的养育之恩。姑娘则把自己穿过的内衣送给男方为证。双方交换生辰八字，各请师公推算看看是否相克。定亲仪式一般一个晚上便结束。寨上各户因当晚已备腌鱼、腌肉、煨酒、糯米饭等到主人家来合聚相陪，故第二天不用请客。不像广西的壮族，定亲仪式要进行三天，不仅房族兄弟要招待宴请客人，村寨中与主人关系较好的邻居，也要招待客人们一番。

男女双方举行定亲仪式以后，即对外宣告这个姑娘已名花有主，别人不要再来提亲。而此后直至出嫁，女方一般不登男方家门，也不参加"行歌坐月"等社交活动。如果双方八字不符或相克，可由双方父母及寨老、舅舅来解除婚约，双方可不计较"赔偿钱"。如双方八字相符，但男方放弃女方，另求他欢，则女方可以不退还彩礼及赔偿损失。如属女方反悔，则必须退还男方的彩礼钱并赔偿男方的损失。"赔偿费"由双方商定，但如果男方想逼女方就范，则"赔偿费"数额较大。可见，壮族姑娘一旦定亲，就像被套上了枷锁一样，要安分地准备做小媳妇，没有反抗的余地。从定亲的职责上看，妇女们的社会地位与男人们是不对等的，男人仅损失一点彩礼便可另觅意中人，而女人如另有意中人，不仅要退还彩礼，还得承担一定数量的"赔偿费"，这实在是不公平的。此外，所谓生辰八字相克也是贵州壮族婚姻缔结上的一只拦路虎。

推猪头

"推猪头"是壮家婚宴时的一种对歌形式，即在一个大盘里盛着猪身上各部位都有一点的肉，由主方唱歌递给客方，表示敬意。而客方故意找碴儿，说此猪缺耳少舌，或说缺肝少心的，是怪猪，我们不要，你们留着养吧，把盘给推回去。双方便你来我往，像拉锯似的，以唱歌的形式据理力争，努力说服对方。歌词非常有趣、滑稽，往往引得全场的听众都捧腹大笑，欢呼喝彩。

婚期一般都是在定亲当年的秋后。但如果是"娃娃亲"或定亲时姑娘年龄过小，则一般等姑娘满十五六岁后才结婚。

结婚当天，男方选一个未婚姑娘，手持雨伞，带 1.2 元钱（或 2.4 元，3.6 元，必须是 1.2 元的倍数）走在娶亲队伍的前头，相隔一段距离。她进女方家人门前要大喊一声："灶上有没有锅？有锅请端下来。"意思是通知新娘家里的人，你家姑娘该梳妆打扮出嫁，不要再操持家务了。然后进门，把钱交给女方父母。女方父母

知道娶亲的队伍快要到了，便着手准备姑娘出嫁事宜，敬供祖宗。男方来接亲时，把自家亲戚们送的腌鱼、腌肉、糯米饭等挑到女方家，挑数越多说明男方家族大，亲戚多，家底殷实，为人大方。女方把男方送来的食品分送给自己的亲戚，再把自己亲戚送来的腌鱼、腌肉、糯米饭等礼物回送给男方家，且挑数一定要多于男方家，即男方家送来一挑，女方家要回送两挑，男方家送来两挑，女方要回送三挑。但除了这些食品外，女方家并没有其他陪嫁的礼物或嫁妆。男方家到女方家接人，距离远的便住一晚，距离不远，待女方家准备好后便出门，其间不设宴席招待，姑娘出嫁简单朴实。

新媳妇进门，事先要算好时辰，一般多在黄昏后。若时辰尚早，新娘及娶亲队伍便推迟出门时间或在路上磨蹭。贵州壮家多为干栏式房屋建筑，新娘到夫家梯子前，要脱掉外衣，提起男方家事先放在梯子跟前的一桶米，把新郎定亲时送的几个定亲银项圈放在米上，新娘把米桶提进门，放在大门背后。此时，夫家一位近亲姊妹早已等在大门背后，备好腌鱼，用剪刀剪一片鱼给新娘吃，再剪一片给伴娘吃，之后进门者每人均有一片，但已无亲疏之分。新郎与其父母以及其他

不落夫家

"不落夫家"是中国壮、布依、侗、水、仫佬、毛南等民族在中华人民共和国成立前流行的一种婚姻习俗，又称"坐家"，多与婚前社交自由和盛行早婚等习俗并存，是从妻居婚向从夫居婚转变的残余。目前"不落夫家"习俗在一些偏远的民族地区还不同程度地存在，只是时间上缩短了，一般为一至两年。贵州壮族称"不落夫家"为"走新娘路"或"走媳妇路"，即新娘在举行结婚仪式后，当天或第三天便返回娘家，不在夫家居住。以后逢农忙、节日或夫家有婚丧等红白事，由夫家派小姑或请人携带礼物接新娘到夫家，居住数日，再由夫家送回娘家。妻子留在夫家时，夫家以客人相待，只进行象征性劳动。妻子在娘家居住的时间，通常为一两年至七八年不等，也有长达十余年的。住娘家期间，可以继续参加男女社交活动。待条件成熟，如新娘怀孕了，或是婚后多年不孕而年龄已经大了，或是虽然早婚但新娘已达到当地习惯的同居年龄等等，新娘才到夫家居住。

至亲家人，在新娘进门前须避出屋外，待新娘进门后方随人流进来，意为尊重新媳妇入门，当家做主。

贵州壮族结婚不需大摆宴席，来参加婚礼的亲朋也不必交钱送礼，而寨上各户由家长带些腌鱼、腌肉、一壶煨酒、一篮糯米饭来聚会庆贺即可。

新娘新郎婚礼当晚并不同房，新娘与伴娘同睡新房内，新郎则招待迎送客人。第二天一早"载媒"后，新娘及伴娘即回娘家。也有住三天三夜后回家的。

贵州壮族定亲、结婚过程都很简朴，不讲究礼钱，不办嫁妆。男方除备一张新床及新被子、新蚊帐外，如家境条件好则再置一架缝纫机，一个衣柜，家境差则罢。尽管壮家居住在林区，但对唾手可得的家具并不看重。这是否因为存在"还娘头"（好像一种交换，一种赔偿）而约定俗成，还是当地千百年来落后的经济所决定？抑或是妇女社会地位不高所致？这些都有待于人们去发掘，去探索。但这种简朴的婚礼形式倒是值得赞赏和提倡的。

婚礼过后，漫漫的"新娘路"便开始了！

贵州壮族历史上有"走新娘路"习俗，即从姑娘出嫁办喜事的那一天起，只是在社会上宣布说某某已是某某家的媳妇了，她并没有与新郎同床共枕。在婚后半年至三五年内，只有逢年过节或农忙季节，夫家派弟妹或其他人去请，新娘方来。她来时必约好友一二人做伴同来，在夫家同宿同劳动，一般两三天就返回，这便是"走新娘路"，民族学上称之为"不落夫家"。如果系早婚，则三五年甚至七八年后始落夫家。成年姑娘结婚，也要一年半载才落夫家。过早到夫家居住，要被世人讥笑。时间长了，新娘到夫家的次数会增多，也不再请女友陪伴。当新娘把自己穿过的衣服放在新床上时，意思为可以同房。怀上孩子后便常住夫家，操持家务，从事生产劳动。因此，壮族妇女婚嫁虽早，但到生孩子时，从事实上看，既符合当地妇女的生育年龄，一般也达到了国家法律规定的适婚年龄。

在"不落夫家"的这一段时间里，对新娘来说是相对比较自由的。在娘家，她作为一个已经出嫁了的人，就像一个外人，承担的义务相对要少，父母也不能随便打骂她，毕竟她已经是别人家的人了。在夫家，她则被当作客人看待，尚未被当成家庭中的正式成员，有请才来，且来去匆匆。夫家上自爷爷奶奶父母、下至兄弟姐妹都必须尊重她，不能指使或命令她。总体来说，在"走新娘路"期间，新娘一般是三分之二的时间在自己的娘家，三分之一的时间在男方家。

壮家姑娘在中华人民共和国成立前结婚比较早，一般十五六岁就成婚了。但"走新娘路"的女性一般都在16岁以上，也有个别不到16岁的。为什么姑娘不满16岁结婚可以不"走新娘路"呢？这是因为壮族民间认为，新娘年龄太小，虽然结婚了，但尚不谙世事，到男方家后还不能掌控自己的语言和行为举止，承担相应的劳务，"走新娘路"也有名无实，不提也罢。逢年过节夫家虽然去请，但多数当"小客人"看待，并没有其他的要求，久之习惯成自然，待她成年后直接到夫家居住即可，旁人也没有异议。

壮家"走新娘路"有

木甑子

一些程序和规矩，不能乱套，大致经过"认亲""踩田""上甑子""提禾上炕篮"等过程。

"认亲"是婚后新娘第一次来夫家，时间在办喜事之后的 40 天左右。由夫家选择吉日，请房族亲戚二至三人（路远的可去两男一女，距离近的二女即可），到女方家去请新娘来夫家，名义叫做"认亲"，即全家团圆互相认识。因为壮家娶亲的当天，在新娘进门的时候，家中的亲人都要回避，没有拜堂之礼，新娘没有认识家人的机会。新娘进门后，一般都躲在新房内不出来，故有些家人不认识新娘，而新娘除在"载媒"时见过新郎一面之外，对家庭中的其他亲人，也都不认识。新娘来"认亲"时，也邀约自己的两名伴娘同来，陪自己在夫家住上五至七天，每晚同床共寝。

"踩田"是婚后新娘第二次到夫家，是在距"认亲"之后 50 天左右。由夫家择好吉日，派人去请新媳妇来"踩田"。因为壮家多在秋后至壮年前后办婚事，经过三四个月了，这一次请新娘来"踩田"，一般都在农忙季节，也可能是春耕时的挖田，也可能是插秧。由于系春耕大忙季节，按照当地壮家的习俗，这次要有 5 名女性随同新娘前来干活，但她们仅挖半天的田，或插半天的秧之后，便可以对外宣布说新媳妇已经到夫家"踩田"了。她们和新娘一起在夫家住上三五天，其间仍由两名伴娘夜夜陪着新娘，共枕同眠。

"上甑子"是婚后新娘第三次到夫家，时间大约在距"踩田"之后的两个月内。由夫家择定吉日，派人去请媳妇来"上甑子"。到时夫家请来师公，宰杀三禽即一鸡双鸭，敬供各方神仙、祖宗后，由新娘将泡好的糯米，用漏勺舀进甑子里，舀好之后，用双手托着甑子，放在火塘上铁锅中的气盆上（相当于甑架，聚气隔水）。这一次亦有两名女性随新娘来，住上三五晚上，陪同新娘食宿。

"提禾上炕篮"是婚后新娘第四次到夫家，时间上距"上甑子"两个月左右。夫家择吉日，派人去请新娘来"提禾上炕篮"。所谓"炕篮"，就是壮家在火塘上面挂着的一个用竹子编成的圆形大炕篮，直径约 1.5 米，深约 0.5 米，篮眼约 0.1 米，专门用来炕干糯谷。"提禾上炕篮"与"上甑子"的习俗大致相同，仅使用的祭物有差异。"提禾上炕篮"用一头小香猪，两只鸡。师公宰小香猪、杀鸡敬供各路神灵、祖宗后，请新娘到火塘边，提起禾把放到炕篮中。这次随媳妇来的是三男两女，仅住两个晚上，仍由两位女性与往常一样与新娘同宿。

以上"走新娘路"的程序和仪式，每个成年新娘（当地认为在 16 岁以上）都必须经历。此后，遇到农忙季节和逢年过节，或夫家有什么红白喜事，新娘也需要由夫家派人来请，方去夫家干活或过节，但规矩已不如前面那么严格，也不一定必须由人陪着。当然在一定时期内，新娘也不能久住夫家，否则要被姊妹们嘲笑。

贵州壮族地区还有这样的习俗，男女双方成亲后，在夫妻的正室里必须铺上两张床，并且要显示出哪张是丈夫的床，哪张是媳妇的床。如果在正室内仅铺有一张床，夫妻双方都会被自家亲友取笑。这两张床一直陪伴夫妻双方到老，也就是到寿终之日。当新媳妇在自己的床上摆放自己穿过的、叠好的衣裙时，则暗示丈夫可以同房了。之后，新娘会请人送新被子、新箱子、新柜子等（按现在的话说即嫁妆）到夫家，来的人数不定，东西多则来人多，东西少则来人少。新娘有了身孕之后（壮家称"命好"），新娘就长住丈夫家了。直到新娘有了身孕，两亲家方能互称为婆家（女方）、奶家（夫家）。

新媳妇有了身孕，婆家要送来"铺桥花"，婆家送了"铺桥花"以后，夫家方可在媳妇之正寝内搭建一个名叫"竖桥花"的小台子，其意是保佑孙子安全出生，健康长寿。据壮族民间传说，小孩子是女娲用黄泥巴捏成的，遇水后即松

铁锅

糯禾炕篮

气盆

软散架，故不能下水过河，因此不容易来到家里。人们为了接来小孩，就在河上搭桥，架好桥之后，又在桥面上挂很多红红蓝蓝的花儿逗引孩子们，小孩子们喜欢了，就走过桥来了，后来河岸两边才有了可爱的孩子。婆家送"铺桥花"到奶家时十分热闹，名义上是送"铺桥花"，实际上送的是银两红包，来的也都是一些爷爷长辈们，他们要在酒桌上与奶们对阵唱歌，一般要唱一整天。

据笔者调查，"走新娘路"的女性大致有两种心态：一种是乐观愉快的。这样的新婚夫妇一般都是经过自由恋爱而认识的，在结婚前双方有一定的感情基础，同时对男方的家庭经济状况及亲戚关系等也有一定的了解，双方门当户对，家庭条件较好，新娘没有什么顾虑，从心里认同这门亲事，即结的是"歌婚"。另一种则是有些悲观失望，忍着泪水的。这样的夫妻，多半属于包办婚姻，女方不愿意。或是嫁到男方家后，因为各种原因产生了家庭矛盾，因而"新娘路"便越走越伤心。总的来说，"走新娘路"可以让男女双方及亲戚们较长时间、多方面地互相了解、沟通，磨合关系。调查结果显示，经历了"走新娘路"之后建立的家庭，男女双方绝大多数都能互敬互爱，情深意切，和谐幸福。

　　比较而言，女方在"走新娘路"的过程中，心理负担更重一些。对于她所嫁的家庭，她不仅要取得丈夫对自己的喜爱和信任，更重要的是要得到丈夫的父母、还有上至爷爷奶奶、下至兄弟妯娌姐妹等的称心和满意。因为这些人作为亲属，有可能会在自己的男人面前说长道短，直接影响到"走新娘路"的成功。经过一段时间的观察，不愿意与男方结为终身伴侣的女方，会采取一些或明或暗的手段，使男方家的关键人物对她有反感。壮家有一句谚语说："她舂米不刮禾草，她早晚喂猪不喂鸭——这妹子已决心拒嫁。"当男方的母亲发现女方故意制造事端时，如果她仍喜欢这个媳妇，便语重心长地说："媳妇啊，我看禾草上依然有些谷粒，恐怕是忘记刮了吧？还有这几天，鸭子的料盆都是干干净净的，一点水都没有，鸭子喂得饱才能多下蛋呢。我讲的这两件事啊，今后再忙也得记住哩。"如果媳妇一定要走，她就答："我就是这个样子，你们去找好媳妇吧。"婆婆仍会劝说："媳妇啊，你到草堆去看看，每把禾上少不了还有半斤谷粒呢。"

　　倘若男女双方出现婚姻纠纷，经过寨老们诚心调解，对于的确无缘分的，可准予离婚(分手)。

耙槽

提禾上炕篮与春米不刮禾草

壮家喜食糯米饭，收割来的糯禾都是成把地挂在禾晾上或堆在粮仓里，在食用前，必须先脱粒。过去脱粒的方法是由妇女们用脚搓。如果糯禾受潮，则要事先在炕篮上炕干，故"走新娘路"中专门有"提禾上炕篮"的程序，因为这是妇女们分内的事情。所谓的"春米不刮禾草"，说明这位正在"走新娘路"的姑娘，在她的心里产生了一些不满，比如发现男方有出格行为，或者是男方父母、兄弟、妯娌等在日常生活中，要求太苛刻，言语令人厌恶等，或者女方对包办婚姻不满，在婚（前）后遇上她称心满意的男友等等，使女方产生拒绝心理。反映在她的日常行为中，便出现做事故意留有破绽，让人发现她已有异心或不满。故脱粒时故意不脱干净。而壮家的干栏式建筑，一楼即为牲畜圈和存放大型农具的地方，猪圈和鸡鸭圈也相距不远，她在喂猪时，其实也听到鸡鸭饥饿的叫声，但她故意不喂鸡鸭，也是有意表现出自己的愤慨。

如果是男方提出分手，一般男女双方都不受惩罚，好说好散。假如是女方提出离婚，她除了要赔偿男方办喜酒所花费的钱财物资外，还要交适当的罚款，作为调解的费用。如果女方无力承担，则由以后与她成婚的男方承担这笔费用。不论离婚还是丧夫改嫁，妇女们均不得带走她们的子女和财产，一律归原夫家所有，她们只能拿走属于自己的衣服，一人去独闯天下。不过，壮族离婚的很少，生孩子后离婚的几乎没有。

由此看来，壮族的"新娘路"确实很长，不仅有时空的距离，还有一段长长的心路历程。

饭围

木米桶

● 生 命 的 礼 赞 ●

　　贵州壮族媳妇生第一个孩子，不管是男孩子还是女孩子，夫家必须在第一时间告诉婴儿的外婆，婴儿的外婆知道母婴都安全了，赶紧带几筒糯米、一只仔鸡前来炖鸡稀饭给婴儿的母亲吃，以免月中腹部疼痛。

　　孩子出生后的第三天早上，婴儿的爷爷会叫上寨子里的几个公公一道，拿一只母鸡到寨外神树下敬"奶娃拎"，即送孩子来的观音菩萨，感谢她送来孙子，祈求她保佑孩子健康成长。该活动必须在天亮之前完成，不能让别人看见。同时，娘家及其亲戚中的中老年妇女每人会带一筒米，或带一只母鸡来探视，届时寨上的亲朋也来作陪，叫"满三朝"。

　　壮族村寨都有自己的"接生婆"，婴儿呱呱坠地后，接生婆便及时清洗污物，剪掉脐带，把孩子包好。第三天早上举办"满三朝"后，"接生婆"才可以回自己的家。婴儿降生时，若其父亲出门在外，这时赶回来是不允许从大门进入的，要从侧门或后门进入。婴儿"满三朝"时，主人家用一筒糯米、一元二角钱、一个鸡蛋去请师公来写八字，并根据婴儿的生辰八字推算，看看这个孩子的命里是否犯有灾难，应该在满月前"禳解"的要"禳解"完，使孩子一生逢凶化吉，化险为夷。

　　在贵州壮族社会中，男人的社会地位高于女性。男孩从出生的那一天

竹米筒

婴儿摇篮

婴儿坐椅

·················●
竹饭盘

开始，便自然获得这一权利。因此，壮家生男孩时办满月酒很隆重，到时外婆家大队人马前来做客，婿家则隆重招待，大户人家宰杀水牯牛或黄牛，一般人家也得宰杀大小香猪和鸡鸭羊等，并请本寨同辈男女来陪客，开怀饮酒对歌，名为"外婆会"。当然，一些大富人家，生了女孩子也会大摆宴席招待宾朋，大家同喜同乐。而那些经济条件较差的人家，生了女孩子后，"满月酒"就简单多了。

"满月酒"宴席摆的桌子与汉族不同，壮族将四方形桌子一张连着一张，中间的那张桌子，只能坐四个人，当头的两张，每张也仅坐六个人，来客人数较多，则以堂屋这一排桌子为中心，在两旁摆长桌。吃饭之前，要把婴儿的外婆们带来的所有礼物摆设好，供大家欣赏。亲外婆送来的背带摆在正中，其他外婆的背带分挂两边。宾主入座，用"感恩酒"祭祀祖宗后，主人或本家族的头面人物代表主人说道："各位亲戚朋友不辞劳苦，光临寒门，带来深情厚谊。饭菜不好，请大家不要客气，请端杯用餐。"客人中有一位代表大家表示感谢，宴席开始。

酒至六七成醉了，婴儿奶家的一人站起来朗诵四言八句，大意是：盘古开天辟地，清浮为天，重浊为地，气息为风云，肌肉为平川，日为太阳，月为太阴，旋风称羊角，闪电叫雷鞭。言语相符，阳春有脚，天地加人和，新岁为皇春，去年称客岁，吉日呼良辰，天地为乾坤。独阳不发，孤阴不生，荣辱伉俪，相敬如宾。阴阳相构，五行相生，养男育女，为奶当婆，故有今日，亲友尊重，远道而来，惭愧的是，淡酒粗茶，菲薄素肴，亲友既来之，则安之，漫谈畅饮，唱歌作乐，酒壶在奶家手，起歌由奶先开口，起得不好请原谅，娱乐东南西北处处有！

之后，以奶家为一方，婆家来的客人为一方，宾主开始唱"酒令歌""宴席歌"等，由奶家的"歌首"（即领头唱歌的人）起歌三首：

第一首：

久坐闷沉沉，歌声热闹屋。贵客安心住，娱乐度时光。

年迈成老者，山歌留后人。久坐闷沉沉，歌声热闹屋。

山歌动人乐，主客皆满足。贵客安心住，娱乐度时光。

第二首：

鸭舞翅膀扇，下蛋不孵幼。歌中交朋友，闲坐有何益。

山绿似碧玉，水绕鱼上滩。鸭舞翅膀扇，下蛋不孵幼。

三月有谷雨，水清鱼在游。歌中交朋友，闲坐有何益。

第三首：

小河最大是青鱼，煨酒腌鱼客尝鲜。

"宜久"年夜敬祖先，"皇春"首先敬社王。

月儿圆圆照九州，亲朋好友作伴侣。

小河最大是青鱼，煨酒腌鱼客尝鲜。

酒令歌对唱·女方敬男方酒

"左右" 的含义

　　贵州壮家习俗崇尚"男左女右"，同时以左手、左脚代表主人，以右手、右脚代表客人。在自己家里洗脚时，应先洗左脚后洗右脚，而到别人家做客时，进门时要先踏进右脚，后进左脚，表示自己是客人，洗脚时也先将右脚伸进盆里，再把左脚伸入，两脚同时洗。如果"反客为主"了，会被人认为"此人无家教"。

双手举杯敬贵客，大家喝干且莫嫌。

"宜久"年夜敬祖先，"皇春"首先敬社王。

婴儿奶家的"歌首"唱完这三首歌之后，大家将酒敬给在座的每一位客人，并请他们喝干。婆家的众人饮了酒之后，也由一人用四言八句讲万物的起源和人情世故等，由"歌首"唱歌三首作答：

第一首：

奶家歌首起歌声，赛过皇城戏班头。

灵巧左脚向前走，右脚发抖不会跟。

一年四季上柴山，少学山歌唱不成。

奶家歌首起歌声，赛过皇城戏班头。

不唱也难唱也难，逼上梁山凑人头。

灵巧左脚向前走，右脚发抖不会跟。

第二首：

田头刺蓬躲太阳，路边香樟好遮身。

婆家歌声韵不分，岂能战胜孔明兵。

胸无成竹口难开，婆们本来是外行。

田头刺蓬躲太阳，路边香樟好遮身。

檀香成材皇家用，竹子腹空无人称。

婆家歌声韵不分，岂能战胜孔明兵。

第三首：

双手举杯谢主人，足食丰衣天作美。

前后五马金鞍配，奶们干杯理应当。

那边青年贺主家，划拳猜码喊高升。

双手举杯谢主人，足食丰衣天作美。

今朝坐此无拘束，宾主同桌笑微微。

前后五马金鞍配，奶们干杯理应当。

婆家的"歌首"唱完上述三首歌后，也每人端上酒杯，回谢奶家。奶家人接过酒杯后说：婆家的"歌首"唱得好，大家干杯！

之后双方你来我往，但多是赞美对方的歌。奶家的"歌首"唱道：

　　　　风吹大树树不摇，家中富饶何乱走。

　　　　见龙现身金满斗，亲戚好友驾光临。

　　　　小舢板船上陡滩，涉水跋山路迢迢。

　　　　风吹大树树不摇，家中富饶何乱走。

　　　　辛辛苦苦受风寒，情重如山记心头。

　　　　见龙现身金满斗，亲戚好友驾光临。

婆家"歌首"答道：

　　　　亲戚朋友共一世，唇齿相依常团圆。

　　　　今朝奶家遂顺愿，何惧路远与山高。

　　　　羊肠小道路弯弯，怎敢阻拦人情意。

　　　　亲戚朋友同一世，唇齿相依常团圆。

　　　　有水有船又有路，壮乡无处不周转。

　　　　今朝奶家遂顺愿，何惧路远与山高。

奶家"歌首"唱道：

　　　　贵客临门携厚礼，内心感激人欢喜。

　　　　无奈这方少雨滴，河中见底不见鱼。

　　　　感谢婆家来行走，愧无肴酒上宴席。

　　　　贵客临门携厚礼，内心感激人欢喜。

　　　　懒人种田无底肥，稻草几堆无米粒。

　　　　无奈这方少雨滴，河中见底不见鱼。

婆家"歌首"答道：

　　　　到富人家坐上席，煨酒吃去几大坛。

　　　　每人饮了七八碗，想不喝干又可惜。

　　　　主人言语太谦虚，腌肉腌鱼桌上挤。

　　　　到富人家坐上席，煨酒吃去几大坛。

　　　　水好术好人优秀，酿成好酒香满天。

　　　　每人饮了七八碗，想不喝干又可惜。

奶家"歌首"唱道：

　　　　卯时太阳出卯方，日夜盼望外婆来。

　　　　缺少美味来招待，胡乱砍来煮一锅。

酒令歌对唱·女方唱

奶家撑船竹篙短，用小桡片难过江。
卯时太阳出卯方，日夜盼望外婆来。
粗衣烂衫人不美，生柴煨酒水不开。
缺少美味来招待，胡乱砍来煮一锅。

婆家"歌首"唱道：

纲领黄喉白叶肚，又炒又煮热乎乎。
全三百河奶家富，杀大水牯办酒席。
腌鱼腌肉碟垒碟，还有羊瘪和香猪。
纲领黄喉白叶肚，又炒又煮热乎乎。
五香佐料配得齐，闻名厨师来服务。
全三百河奶家富，杀大水牯办酒席。

奶家"歌首"唱道：

喂猪不肥杀水牯，整天炖煮肉不炝（炝即软和）。
年轻后辈咬断牙，老人无法眼望穿。
牛肉绵筋像葛根，下饭只能用豆腐。
喂猪不肥杀水牯，整天炖煮肉不炝。
自家觉得菜不美，品尝无味全是渣。
年轻后辈咬断牙，老人无法眼望穿。

婆家"歌首"唱道：

家畜莫大过水牛，春来带头把田耕。

奶家宰来做菜羹，意切情真永不忘。

心肝爆炒敬老人，牛肉烹饪在锅头。

家畜莫大过水牛，春来带头把田耕。

精肉切来拌生食，赛吃龙肉在柳城（指广西柳州府）。奶家宰来做菜羹，意切情真永不忘。

同一种内容的歌唱得差不多了，奶家的"歌首"会把对歌转向另一内容，起歌唱道：

第一首：

一年二十四节气，完十二月又立春。

新年又有新竹笋，另起一轮接歌声。

外婆来贺满月酒，唱歌要有新歌节。

一年二十四节气，完十二月又立春。

壮家山歌名堂多，宾主同桌有分寸。

新年又有新竹笋，另起一轮接歌声。

第二首：

外婆情义似海深，银子赠送三百两。

项圈手镯一盘满，外孙有脸众人夸。

桃花杏花一样美，茶水美酒斟平衡。

外婆情义似海深，银子赠送三百两。

配有针筒和耳环，银钗灿烂更喜欢。（这两句是生了女孩子，赞美婆家送的这些物品）。项圈手镯一盘满，外孙有脸众人夸。

婆家"歌首"唱道：

家孙外孙同是人，一视同仁理当然。

外婆手长衣袖短，奶对外边莫宣扬。

何足挂齿蚂蚁脚，天合地造芭蕉根。

家孙外孙同是人，一视同仁理当然。

八仙桌子摆中央，我在席上装黑脸。

羊瘪

"羊瘪"，又被称为"百草汤"，是贵州黔东南少数民族一道独特的烹饪佐料。它是在宰羊时，将其小肚、叉肠内的黏液取出，加适量的水中和，过滤干净，再加入花椒、生姜、陈皮、香草等，放入锅内煮沸，文火慢熬，将液体表面的泡沫及杂质除掉，即得"瘪"。"瘪"呈黄绿色，入口清凉，微苦，有健胃、祛热和助消化的功效。在烹制羊肉将熟时，放入适量，是黔东南少数民族的待客上品，据说经常食用可治胃病。食"羊瘪"之俗由来已久，宋代朱辅的《溪蛮丛笑》记载："牛羊肠脏，略洗摆羹，以飨食客，臭不可近，食之则大喜。"只有吃青草、嫩草并健康的羊，其小肚和叉肠中才有"瘪"，吃干草、老草的羊，肠、肚中没有"瘪"，即使有"瘪"，其成色也不好。

酒令歌对唱·男方敬女方酒

外婆手长衣袖短，奶对外边莫宣扬。

在酒桌上，主方应夸赞婆家送来的礼物，从背带开始到其他物品，必须每一件都要唱到，唱到哪一件，送那一件的主人便兴歌作答。礼物多，唱歌的时间也多。送的礼物唱完了，主方又夸奖正在坐月的媳妇如何孝敬老人，如何聪明能干，我们应该感恩外公外婆送女送孙等等。外婆那边则谦虚地唱，这女儿不懂事，现在就全靠家公家婆的管教了。由于对歌内容多，双方你来我往，一般都是通宵达旦，酒足歌酣方罢。

孩子满月后，夫家房族兄弟必须请新媳妇到家吃一顿饭，谓之"见人"，之后才能登别人家门或回娘家。

孩子满30天或36天的时候，必须要背他回外婆家"解月"，壮语称为"背呆改链"。"背"意思是"去"，"呆"意思是"外婆"，"改"意思同"解"，"链"意思是"月份"。"背呆改链"需要备办一坛"谢婆酒"及一头猪，请叔或伯一个人挑酒和猪，另请一位姑娘背婴儿一起回娘家。同时必须带一把生米，由媳妇上娘家梯子前撒于地上，住一夜便回。外公外婆及舅舅们见外甥来了，十分高兴，他们欢聚一堂，把外甥带来的香猪宰杀，打开煨酒，边吃边商量确定"松喉兰"（"松"意思是"送"，"喉"意思是"米""禾把"，"兰"意思是"外甥"）事宜。舅舅们送的不仅是禾把，还有很多的礼物，如粽子、红饭、红蛋、猪肉等，各种礼物加起来至少也有 20 挑。最后由外婆及同辈亲戚妇女多人回送，婚家需杀大猪招待，房族兄弟必须宴客，欢宴两三天方罢，其间饮酒对歌，场面隆重，形如婚娶。而若是生姑娘便没有这样隆重，这是"重男轻女"思想的突出表现。

在壮乡，对生命的赞歌往往是献给男人们的，人们一般从"满三朝"的丰盛、"满月酒"的隆重与否而判断出某户添丁是男孩还是女孩。但是，不可否认，壮族妇女对于民族的繁荣、社会的发展做出了自己不可磨灭的贡献，甚至超过了男子们的贡献。白天，她们和男人一道在田间耕耘，在山间操劳；晚上回到家后，还得洗衣做饭，抚育儿女，喂猪喂牛，纺纱织布，肩负着沉重的农活和家务活。千百年来，壮族妇女重复走着一条既艰辛又可怜的路子，前赴后继：6～12岁，她们不能像同龄男孩那样上学读书，从懂事起，她们便得带弟妹，打猪草，放牛。13～16岁，她们还不曾有天真的梦幻，便过早地参与劳动生产。对一般的家长来说，女孩子是迟早要出嫁的，过两年后也许是别人家的媳妇了，眼下正是收回"投资"的时候。18～50岁，妇女就像是一架上足了发条的钟表，婚嫁生育，为求温饱和抚育下一代而奔波劳碌，不停地运转。50岁以后，这根发条磨损得差不多了，张力也减弱了，紧绷的弦快要断了，再也经受不起任何的风吹雨打，但只要手脚能动，纺纱织布，煮饭喂猪，照顾第三代第四代仍有劳于她们。只有真正倒下了，再也睁不开沉重的双眼，她们的一生才有了终结。

随着时代进步，社会文明发展，壮族妇女地位已有很大提高。她们把一生都献给了九万大山，献给了自己民族的生存和社会的缓慢发展。因此，不论从哪一个角度来说，她们都应该享有对生命的礼赞，在贵州壮族经济社会文化发展这枚"军功章"上，有男人的一半，更有女人的一半！

● "梳头岩"的诉说 ●

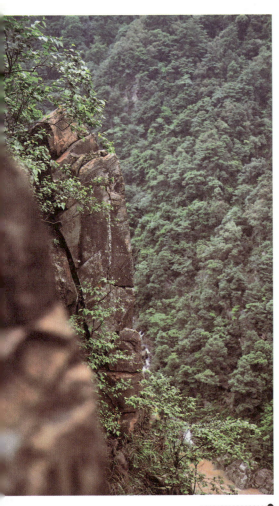

梳头岩

在从江县刚边壮族乡刚边村孖底河边,有一道八九十米高的悬崖,崖顶上凌空伸出一块两米多宽、一米多长的大石头,像鸭舌帽的帽檐,甚为险峻、壮观。由于崖头上常有云雾缭绕,岩石湿滑,没有人敢爬上这个悬崖,更不用说走到崖檐了。当地老百姓称这块岩石为"梳头岩",也叫"拒夫岩"。

一块险峻的石檐,与"梳头"和"拒夫"有什么联系?不会说话的大岩石,千百年来又在默默地诉说什么呢?

在从江"三百河"一带地方,历史上包办婚姻比较盛行,但有些姑娘坚决反对父母的包办,拒婚抗婚。为了防止这类事件的发生,"褒蓬"便召集各村寨的寨老们共同商议,他们绞尽脑汁,多方寻找,终于在远离村寨、荒无人烟的地方,发现了这壁悬崖。他们觉得这壁悬崖上长满了青苔,又陡又滑,没有人能够爬得上去。于是便通过乡规民约规定:无论是谁家的姑娘,凡是不愿意嫁到男方家去,想要解除婚约的,就要在寨老们的监督下,从崖脚爬到崖顶,走到崖檐,将自己的发髻解下来,用梳子梳30下,再将头发照原样挽上,如此连续梳3次之后,再从崖檐安然返回,这姑娘就可获得赦免,任凭她找如意郎君,自由改嫁,任何人不得干涉。倘若她在崖檐上胆战心惊,手脚发软,站立不稳而坠下悬崖,粉身碎骨一死了之,则咎由自取,其娘家和夫

家不能以此事为由引起争执。因此，这壁悬崖便有了"梳头岩"的称呼。

在这一带地方，有两个关于"梳头岩"的传说，一悲一喜，是历史上壮家姑娘们婚姻的真实写照。

悲伤的传说，反映了壮家姑娘们对传统习俗的无奈，她们往往成为包办婚姻的牺牲品。

相传在很久以前，"三百河"壮乡有一个姑娘名叫卯妹，聪明伶俐。在她 15 岁那年，有一天舅妈来走姑妈，看到卯妹年轻貌美，就想把她娶为儿媳。卯妹的妈妈贪图舅舅家的财富，私自做主同意了这门婚事。第二天，卯妹和妈妈随舅妈来舅舅家走亲戚，看到她的表哥、未来的丈夫——丙儿，心一下子便凉了，对这门婚事也就失去了信心。因为丙儿又生智力低下，痴呆憨傻。舅妈怕这门亲事有变化，赶紧把定亲礼物送到卯妹家，卯妹的妈妈见钱眼开，把礼物统统收下。卯妹虽然年仅15岁，但已初谙世事，知道自己一辈子和这样一个呆子结合在一起，永远都不会高兴、不会幸福的，便下定决心拒嫁。此后，卯妹不论母亲怎么打，如何骂，都不答应嫁给丙儿。舅妈见娶不来卯妹，便告到

"褒蓬"处。"褒蓬"召集寨老们开会，寨老们决定：如果卯妹认错，嫁到舅妈家去，则既往不咎；如果拒婚到底，就必须上"梳头岩"梳头。卯妹对这桩婚事已心灰意冷，决心向"梳头岩"挑战，找回自己的幸福。她对寨老们唱道（因为壮族的民间传说和故事等，都是以山歌来传诵的，故我们也按壮歌翻译）：

> 感谢各位老前辈，为女婚配苦思量。
> 劝嫁丙儿莫再讲，早已失望如冰霜。
> 活在人间无惋惜，梳头岩石有灵魂。
> 来世莫变女千金，悬崖峻壁害何人？

"褒蓬"见调解无效，便唱道：

> 盘古辟地不立规，男女婚配乱如麻。
> 上梳头岩前人话，古法今朝不能变。
> 卯妹违规不可救，上岩梳头命由她。
> 姑娘宁愿爬绝崖，众老无法再商量。

卯妹的父亲见自己的姑娘被逼上"梳头岩"，悲从心来，与卯妹妈大吵了一场，恨她贪图舅家的钱财，把自家聪明伶俐的姑娘嫁给一

水碓

个傻子。卯妹见双亲为自己争吵，便对父母亲唱道：

> 劝我爹娘不用争，船到深水堵漏晚。
> 明天早晨三炮传，卯儿打扮出寨门。
> 弟弟年幼不知晓，全靠二老多费神。
> 劝我爹娘不用争，船到深水堵漏晚。
> 八字生来无奈何，水下河滩不复返。
> 明天早晨三炮传，卯儿打扮出寨门。

当天晚上，卯妹把寨上同辈的姑娘们叫到自己的闺房，大家宵夜饮酒，诉说心事，众姐妹们以四首歌表达自己对命运的不满与无奈。

第一首：

> 春季姐妹摘桃花，开遍树丫花不长。
> 携手走游河堤上，裙带飘扬似浪花。
> 天然水色配手镯，喜鹊唱歌高声夸。
> 春季姐妹摘桃花，开遍树丫花不长。
> 姐妹梳妆桃树下，面胜桃花更芬芳。
> 携手走游河堤上，裙带飘扬似浪花。

水碓

第二首：

> 夏季姐妹摘杨梅，汗水湿背雨淋头。
> 姑娘摘梅用背篓，小伙空手梅山游。
> 秀山脚下山水连，罗汉划船如箭飞。
> 夏季姐妹摘杨梅，汗水湿背雨淋头。
> 太阳作色天作美，同船戏水乐悠悠。
> 姑娘摘梅用背篓，小伙空手梅山游。

第三首：

> 秋季姐妹家务忙，慢点起床爹娘催。
> 喂猪做饭又担水，料理弟妹更无闲。
> 春播秋收赶气节，披星戴月寝食忘。
> 秋季姐妹家务忙，慢点起床爹娘催。
> 喂猪做饭缝衣服，姐妹活路一大堆。

打谷机

洗衣喂鸭又担水，料理弟妹更无闲。

第四首：

冬季姐妹稍微闲，集中纺棉最喜欢。每早舂米脚劲软，又去河沿收鸭回。

金枝玉叶值万两，婚姻反抗苦无边。冬季姐妹稍微闲，集中纺棉最喜欢。

过年几天才有空，姐妹集中诉情缘。每早舂米脚劲软，又去河边收鸭回。

这四首歌，虽然唱的是春、夏、秋、冬，却寓意了姑娘们的一生：春季就像她们的童年，姑娘们面若桃花般的灿烂，天真活泼，喜鹊羡慕，可叹好景不长；夏季，恰像她们的青少年时期，姑娘们不像小伙子们那样休闲，读书识字，她们已开始参加了劳动；秋季是收获的季节，也像她们的成年，她们可能收获了婚姻和子女，但繁重的农活与家务活，压得她们抬不起头，直不起腰；冬季到了，意味着她们已进入了老年，农闲时可以聚拢在一起，纺纱织布，缝补衣服，有时间来反省自己的一生，回头看看自己走过的路，心中的酸、甜、苦、辣有谁知？向谁诉说？

姑娘们就这样唱啊、唱啊，不觉天就亮了。众姐妹们抱着卯妹哭了，她们唱道：

同班同辈共一村，姐妹知君像一人。

平常慢了相互等，明天分离永消失。

生命不如一根草，是谁操弄姑娘魂。

同班同辈共一村，姐妹知君像一人。

梳头岩立像猛虎，害儿恶母不心疼。

平常慢了相互等，明天分离永消失。

　　姐妹们正在房里哭成一团，突然从寨脚的大树下传来三声铁炮响，姑娘们心里明白，这是催促卯妹出门上路的第一个信号。卯妹放开了姐妹们，唱道：

惊人魂魄三炮响，寅时寒光入小门。

梳妆整齐在家等，上路出门在今朝。

太阳出山半竹篙，可恨良宵夜不长。

惊人魂魄三炮响，寅时寒光入小门。

众姐妹们莫流泪，牵手抚慰走一程。

梳妆整齐在家等，上路出门在今朝。

　　卯妹和自己同辈的十多个姑娘走向"梳头岩"，"三百河"各村寨的乡亲们，也都前来观看，有一首壮歌唱道：

秋来河中清流水，天高云白雁南飞。

路上千人送卯妹，途中百嘴论方规。

女人越讲越气愤，男子边听边自问。

姑娘命运苦难深，何神能佑卯妹归？

　　众人来到"梳头岩"脚，突然一阵狂风吹来，云雾弥漫，天上下起了一场瓢泼的过山雨。山中的雨来得快去得也快，过了一会儿，云消雾散，"梳头岩"又露出了狰狞的面容。三声炮响过后，是分别的时候了，卯妹叮咛了弟弟及众姐妹，在乡亲们复杂的眼神中，只身走向"梳头岩"。现在当地流传下来的几首壮歌，描述了当时的情景。

铁炮

铁炮

　　"铁炮"是壮家用来传送信号的工具。"铁炮"有两种式样，一种是长圆形的，似竹筒，较小，放火药三至五钱，可以一个人拿在手上施放，即一手握炮，另一手拿引线点火。另一种是座式的，有三个脚，架在地面上，较大，放火药二至三两，用自制的引线点火，似我们常见的大炮。这种"铁炮"其实就是礼炮，只放火药，不能放铁沙等其他东西，以免炸膛。逢红白喜事、过年及迎接大批客人、制造气氛时，也可以鸣放。

装火药的牛角

第一首：

　　上岩一步重千斤，姐妹小心且莫跟。

　　残暴规约千古恨，小女舍身碰乡规。

　　本来就没有希望，故意违抗才死心。

　　上岩一步重千斤，姐妹小心且莫跟。

　　幽幽山谷多自在，静听林海百鸟声。

　　残暴规约千古恨，小女舍身碰乡规。

第二首：

　　上岩二步心结开，万丈悬崖脚下踩。

　　早置生死于度外，转身三拜众乡亲。

　　乡规只将女儿戏，世人永记在心怀。

　　上岩二步心结开，万丈悬崖脚下踩。

　　姐妹泪流断肠哭，百姓心堵把头埋。

　　早置生死于度外，转身三拜众乡亲。

第三首：

　　上岩三步路艰难，目看四方志昂扬。

　　猛然三声铁炮响，烟雾飘荡满山岗。

　　仿佛瞬间魂离身，众姐妹们莫悲咽。

木耙

上岩三步路艰难，目看四方志昂扬。
亲人分离两茫茫，好似太阳暗无光。
猛然三声铁炮响，烟雾飘荡满山岗。
第四首：
雨后悬崖水洼洼，卯妹踏步滑溜溜。
一脚不慎翻跟头，头先脚后西天游。
战战兢兢把身立，还来不及解头发。
雨后悬崖水洼洼，卯妹踏步滑溜溜。
姐妹寒心又气愤，崖下亲朋眼泪流。
一脚不慎翻跟头，头先脚后西天游。

　　卯妹为了追求自身的幸福，不惜以身试"法"，无奈心力交瘁，雨后岩滑，她就像一只断线的风筝，在"梳头岩"下飘落。

　　喜庆的故事，反映了姑娘、小伙经过自己的努力，最终征服绝壁，有情人终成眷属。

　　在卯妹坠崖之后很久，"三百河"又出了一位美丽的姑娘——茸茸，她家境较好，父亲是本寨的寨老。茸茸父母在给她办"满月酒"的时候，另一个寨子的寨老——戌儿的爷爷来吃"满月酒"，席间他与茸茸的爷爷就把戌儿、茸茸的婚事定了下来。在茸茸半岁的时候，戌儿爷爷就送来礼物定亲。茸茸 11 岁时，戌儿家就把茸茸娶过门。但是戌儿是个浪荡公子，整天和"死党"小旺在"二百四"和"三百六"之间的村寨游玩，喝酒对歌，不亦乐乎。戌儿对比自己小 12 岁、还是个啥事都不懂的小孩子——茸茸，不感兴趣，新婚第二天一大早"载媒"过后就离家出走了。婚后戌儿家按习俗也来请了茸茸几次，茸茸每次来也住上几天，但都没有见上戌儿一

织布机

纱锭车

................●
织布机

面。在茸茸 17 岁的时候，有一次去当伴娘，遇上了信儿，信儿也定有一门"娃娃亲"，对象才七八岁，与他也没有什么交往。相同的经历，使他们两人一见钟情，信儿解下多年佩戴的护心银锁送给茸茸，茸茸也把自己颈上戴的银项圈送给信儿，双方私订终身。

茸茸听老人们说，拒嫁的姑娘要上"梳头岩"梳头，安然回来的才能解除原订的婚约，自由选择丈夫。人们还说，"梳头岩"在深山老林中，整天被云不像云、雾不像雾的阴霾环绕，不时有恶风吹来，发出稀奇古怪的声音，令人毛骨悚然。茸茸没有被这些传闻吓倒，在朋友们的帮助下，她亲自到"梳头岩"去查看，果见悬崖地形险要，岩上布满青苔，又湿又滑，难以攀爬。回到家后，她把"梳头岩"的大致情况告诉了心上人。

信儿听了以后，为了方便茸茸攀崖，决心把"梳头岩"的小路修整，把岩上的青苔洗刷干净。第二天一早，信儿就带上柴刀、锄头、水桶及生活用品，去清洗"梳头岩"。此后，信儿风餐露宿，埋头修路、洗岩，而茸茸也利用到广西汪洞做席子生意的机会，既与信儿会面，也不断熟悉"梳头岩"的地形，锻炼胆量。在他们的努力下，只要不刮风下雨，茸茸也可以在"梳头岩"上走个来回。

茸茸与信儿好上以后，逢年过节或农忙季节戌儿家虽派人来请，茸茸都想方设法地避而不见，这就引起了戌儿爷爷的怀疑。经过多方探听，他知道茸茸与信儿私订终身，便一边派人找回自己的孙子，想用孙子来缠住茸茸，一边去找"褒蓬"调解。但是茸茸对"褒蓬"等寨老说："我满月即由爷爷做主定亲，11 岁出嫁，今年 17 岁了，只见过丈夫一面。而丈夫大我 12 岁，整天东游西逛不顾家，这样的丈夫我坚决不嫁。"寨老们见调解无效，只有老调重弹，抬出"梳头岩"来逼茸茸。茸茸接受了挑战，她只身一人，在众目睽睽之下，沿着信儿修好的小路，爬上了信儿早已清洗干净的悬崖，走到岩檐上，把发髻解下来，梳好后又盘在头上，如此三次，从从容容地走下悬崖。寨老们不知信儿和茸茸先前的努力，见茸茸顺利完成了这件在常人看来不可能完成的事，只好按照古理古规，解除了戌儿与茸茸的婚约，让她与信儿结合。

茸茸死里逃生，从"梳头岩"上安然归来，她的双亲欣喜万分，当天晚上即杀猪宰羊设宴招待亲朋，大家喝酒唱歌，热闹非常。人们高兴地唱道：

> 高兴喝酒酒更甜，
> 歌声连天笑开颜。
> 今日征服梳头岩，
> 壮家妍女见阳光。
> 夫妻如同鸳鸯鸟，
> 双双合好到百年。
> 高兴喝酒酒更甜，
> 歌声连天笑开颜。
> 人心喜悦酒多斟，
> 众姐妹们开心干。
> 今日征服梳头岩，
> 壮家妍女见阳光。

纺车

戌儿这些年来在外东游西逛，一来本性懒散，反正家里衣食无忧，不用下地劳作；二来认为与茸茸年纪差别过大，没有共同语言，便出门在外逃避。他其实也有自己的心上人，但迫于世俗的压力，既不敢提出悔婚、解除与茸茸的婚配，也不敢与自己相爱的人结婚。戌儿听到茸茸征服了"梳头岩"，解除了与自己的婚约，心中一块石头终于落了地，便急忙往家赶，想请父母筹办自己的婚礼。一群媳妇见戌儿在大树脚下休息，她们想知道戌儿的态度和心情，便开口唱道：

> 家有良田八百把，肥牛壮马满山岗。
> 长年流浪在外乡，年华荒废不知羞。
> 木雕菩萨守寺庙，岂能知晓甜苦辣。
> 家有良田八百把，肥牛壮马满山岗。
> 有书不读真愚痴，聪明脑子成饭囊。
> 长年流浪在外乡，年华荒废不知羞。

青菜、芫荽留种法

戌儿听到媳妇们的嘲讽后也不恼，慢悠悠地从地下站起来，对小旺说："这首歌她们是针对我唱的，我要答她们的歌，请你吹木叶伴奏。"

姐妹唱歌句句真，戌儿慎重记心里。
三十年前不争气，石落海底难回程。
好比烂坛破罐甩，来世投胎另做人。
姐妹唱歌句句真，戌儿慎重记心里。
种田下地我不会，划船上水又无力。
三十年前不争气，石落海底难回程。

众媳妇见戌儿似有悔意，便又开口唱道：

看见蚂蚁走路边，有的向前有的回。
钻进刺蓬才险危，知错改过又何妨。
破坛烂罐来相比，莫将自己不值钱。
看见蚂蚁走路边，有的向前有的回。
同在世间吃白米，众人为你尽忠言。
钻进刺蓬才险危，知错改过又何妨。

戌儿答谢道：

唱歌好比写文章，语重心长感化人。
天地原谅我改正，戌儿振奋做好人。
一石击破井底天，明月高悬照深堂。
唱歌好比写文章，语重心长感化人。
百花吐艳树逢春，只语寸言暖心身。
天地原谅我改正，戌儿振奋做好人。

众媳妇唱道：

聪明人表白，喜悦在眉梢。
说了要做到，放空炮不行。
改过必原谅，天上日月在。
聪明人表白，喜悦在眉梢。
船移岸不走，石狮头不摇。
说了要做到，放空炮不行。
……

● 挞斗

● 织布机

"梳头岩"诉说的其实是历史上贵州壮族的婚姻状况。

壮族实行一夫一妻制婚姻，婚姻的缔结主要有三种方式，即父母包办、媒人介绍、自由恋爱。其中父母包办的婚姻是过去贵州壮族社会中婚恋的主旋律，在社会中占主导地位。父母包办婚姻最大的特点是早婚。早婚有两种方式。一种是指腹为婚。即亲朋好友间双方妻子有孕时，就为娃娃定亲，彼此以亲家相待，如生下来的是一男一女，待孩子们长到一定年岁，就为他们办理婚事。若双方都生男儿或女儿，就把婚约推迟到再下一代，即让孙子们来完成这项约定。另一种是娃娃亲。即男女双方还处于襁褓或儿童时期，由父母或爷爷为他们定下亲事，到一定年龄后便成婚。这种包办婚姻在比较偏僻的乡村还存在。故女孩们经常唱这样一首叙苦歌：

今天跟妈去除草，坐一根草草不晃。

明天随娘去扯秧，扯一根秧扯不来。

哭声下地是女娃，两头亲家过三朝。

今天跟妈去除草，坐一根草草不晃。

自家饭菜不会煮，三岁媳妇五岁郎。

明天随娘去扯秧，扯一根秧扯不来。

壮家女孩们唱的叙苦歌有两层含义。一是说父母亲啊，我们太小啦，连一根草都坐不弯；我们没有力气，连一根秧也扯不出来。其二是说，为何早早地把我们嫁出去啊，嫁人了，我们连饭菜都不会做，怎么生活啊。等我们长大些再嫁出去好不好嘛。

农家草棚

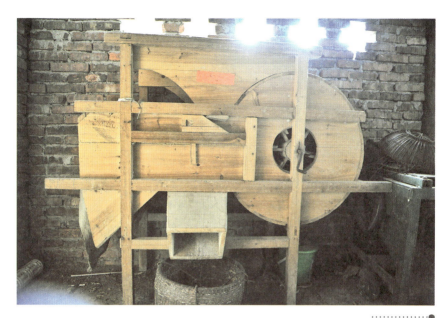

风车

　　在婚姻对象的选择上，则有姑表婚、姨表婚、亲戚婚及同姓同族（同民族）优先婚的次序。由于壮家过去有"还娘头"的婚姻习俗，如果女孩不嫁给舅家（即舅舅家因各种原因放弃了婚姻的优先权利），则姨妈或其他亲戚来提亲，女方家长应优先考虑，然后才能考虑亲戚关系不密切或没有亲戚关系的外人。除"姑表优先婚"、"姨表优先婚"、"亲戚优先婚"外，其次要考虑的便是"同姓同民族婚"、"外姓同民族婚"。"同姓同民族优先婚"的主要表现为：某家姑娘经舅家同意放弃了"优先婚"权利，姨妈及亲戚间也不考虑娶这个姑娘，即这个姑娘可以自由外嫁时，同姓同民族的某家要娶这个姑娘，则姑娘及其父母应优先考虑，之后才能考虑外姓同民族、外姓外民族的提亲，而不管提亲各方的条件是否等同。如果姑娘执意外嫁他姓他民族，则被认为是不忠于本姓本民族，这个姑娘和她的家族今后在社会生活中要受到冷落。因此，贵州壮族与其他民族通婚的很少，与侗族、布依族结婚的偶有所见，而与苗族、瑶族、汉族等通婚的则极为少见。这其实是宗法制对壮族妇女婚姻的限制，其出发点是保护宗族势力。在中国长期的封建社会中，偏僻的少数民族地区，中央王朝难以控制，地方大族便是该地区的最高统治者，家族（包括同姓同民族）越庞大，占地就越多，经济实力也就越雄厚，这样便可以有强大的势力来对付外姓外族的排挤和压榨。姑娘不外嫁，可以使自己团体关系亲密，力量增强。宗法制在一定程度上限制了妇女的择偶范围，甚至包办了妇女的婚姻。

贵州壮族青年男女也存在自由恋爱，即经过"行歌坐月"产生爱情而结婚。贵州的壮族习惯聚居，很多寨子其实就是一个大家族，姑娘嫁在本寨的很少，多数嫁到外寨去，时间久了，便出现"寨寨有亲，村村有戚"的局面，"亲上加亲"的现象颇为常见。只要缔结婚姻的双方认定不是同宗便可开亲，同姓、母系血缘均不受限制。故严格说来，中意的男女双方，多少都有些转弯抹角的亲戚关系，仍符合贵州壮族世俗的婚姻原则。稀少的自由恋爱成婚，也是在世俗框架下所谓的最佳组合。

贵州壮族推行族内结婚，原则上禁止族外结婚的原因是多方面的，除了以上的因素之外，也有促使本民族团结和防止本民族被其他民族同化的原因。在自给自足的自然经济条件下，家庭不仅是情感的归属，也是社会生产和经济活动的基本单位，通过族内通婚，可以使本族人的"情"和"利"有机链接，形成一个强大的网络，促进本民族团结。壮族迁入贵州后，在陌生的环境里，被其他民族称为"外人"，在社会交往中处于劣势。这难免会对他们的心灵和自尊造成一定的伤害。同时，也增强了他们的防备心理，促使他们在情感、生产及生活等方面自立自强。根据黑格尔的人格论，婚姻是人格的合二为一，即不同民族之间的婚姻是不同民族的个体人格的同化，而个人的言行举止是某民族文化的衍生物，是不同民族文化的同化。若与外族人通婚，则存在着本民族文化被外民族文化同化的风险。族内结婚，禁止与外族人通婚，可以减少本民族文化被外民族文化同化的风险。

总之，贵州壮族传统婚姻，大致要遵循如下的婚序原则：姑表亲→姨表亲→亲戚亲→同姓同族亲→外姓同族亲→外姓外族亲，其婚序是不能随意改变的。从婚姻缔结的种类和形式上看，妇女多是从属地位，没有选择的权利；从婚姻过错的处罚上来看，妇女们往往成为婚姻的牺牲品，这也是她们社会地位相应低下的症结所在。

● 培信坡的祭祀 ●

在从江县雍里乡雍里村边，有一座高约 25 米的小土山，面积约七亩，山坡上长满青松和杉树，壮语叫"戛信"（"戛"即"坡"，"信"即"培信"，是一个姑娘的名字，汉意为"培信坡"）。坡脚有一块 30 "挑"的大田，壮语叫"纳曼"（"纳"即"田"，"曼"即地名，汉意为"曼田"）。过去，不管是谁家耕种这块田，在栽秧前，都必须拿一套妇女的衣裙，宰三禽（两鸡一鸭）去田里敬供，据说敬

鹅颈镰刀

供过后，当年的禾苗才长势茂盛，庄稼才有好的收成。

壮族民间为什么要祭祀这块大田呢？

据当地壮族的民间传说，从前雍里村有个姑娘名叫培信，聪明伶俐，父亲去世后，她与母亲相依为命。虽然生活过得比较艰难，但培信却长得很漂亮。她的舅家按传统习俗，一定要娶她为儿媳妇，但是她不喜欢舅舅的儿子（表哥），死也不肯嫁给表哥。她舅舅诱惑她说："我家财产多，你嫁过来便可以享受一生的荣华富贵。"培信说："你家有万贯家财我不羡慕，我宁愿嫁给情投意合的穷后生。"她的表哥见婚事无望，便威胁她说："你不嫁给我，你就得拿出和你身体一样重的银子来作为赔偿我家的'骨头钱'。"她舅舅骂她表哥说："憨包仔，我们家有用不完的钱，培信这么漂亮、聪明，我们是要她这个人而不是她的钱。"但培信姑娘发誓，宁死也不嫁到舅家去。舅舅见培信意志坚决，就要挟她说："我家有一块 30 '挑'的大田，我在前面甩秧把，你在后面栽秧，不许抬头，不许伸腰，一次栽完，如果你能做得到，我就同意你自由地嫁到别人家去。"为了自己婚姻的幸福，培信豁出去了，答应了舅舅提出的条件。

栽秧季节到了，培信和舅舅来到"纳曼"这块大田，舅舅在前面甩秧把，培信在后面栽秧。就这样连续栽了三天三夜，当培信栽完最

短颈镰刀

后一蔸秧时，高兴极了，抬起头直起腰来哈哈一笑，不曾想因为劳累过度，腰杆折断了，当即死在田里。培信的妈妈只有培信一个独姑娘，如今栽完秧就累死了，悲痛欲绝，哭得死去活来。她把培信埋在她累死的地方，拿着培信的衣服、裙子、项圈、手镯等祭供，诅咒舅家说："我姑娘被你们逼婚而死，以后你们家的媳妇来栽这块大田时，如果不祭祀培信，禾苗就长不好！"这个小土坡，原名叫归位坡，培信死后，寨子里的乡亲们都不约而同地把它叫做"蔸信"，即"培信坡"。从此以后，每年栽秧时，不管是哪家耕种这块大田，都要拿妇女的衣裙各一件并宰三禽在田头供敬培信，据说只有祭祀过后，当年的禾苗才长得好，庄稼才有收成。

可以这么说，培信坡是贵州壮族婚姻中"还娘头"习俗的见证。

在贵州壮族婚姻缔结中，舅舅在外甥女的婚姻缔结上有特别的优先权，不论姑妈家有多少个女儿，必须有一个要嫁到舅家为媳，民间称之为"欧兰豆"（"欧"即"要"，"兰"即"孙"，"豆"即"来"，意思是"要孙来"）。即姑妈家有女儿，舅家可优先娶做媳妇，姑妈及其女儿不得拒绝和反对。如果姑妈或姑娘不同意婚事，必须付给舅家一定的"赔礼钱"，数目大小由双方议定。现在，"姑舅表婚"属近亲结婚，违反《中华人民共和国婚姻法》，舅家提亲的现象已很少见。自由恋爱和媒人介绍成婚的已较为普遍。

"还娘头"的存在，是一种原始社会的遗迹。因为在母系氏族社会向父系氏族社会的转变过程中，妇女的社会地位下降了。这首先是由于社会经济的发展决定，同时也由于婚姻的变化，即族内婚向族外婚过渡，她们的外嫁，就意味着她们原来所属的那个氏族将损失这个劳动力和财产，这就要求对方必须有所偿还。在生产力低下的时代，人——这个最活跃的生产力因素，自然价值无量，是任何一种财富都不能够比拟的，而娶外甥女做儿媳妇，便是最佳的弥补方式，是商品经济不发达、"以物易物"社会里最公正的交易，双方都能接受，并符合他们的婚姻原则（忌父不忌母）。因此，"还娘头"的核心，就是认为姑妈为舅家大家族所有，既然外嫁，舅家就损失了一个劳动力、一部分财产，姑妈的女儿有义务且必须回舅家来补偿这个损失。外甥女不嫁舅家，这在贵州壮族社会中是不多见的，除非舅家无男孩或其男孩还小，或其男孩已婚，或舅家自愿放弃优先权，否则舅家将索取一笔赔偿费，其数目由舅家来决定。舅家若非娶外甥女不可，则索取赔偿的数目巨大，使对方无力承担而达到自己的目的，或有以断绝亲戚关系来要挟的。如舅家无男儿，或其男儿已婚，或其男儿还小，外甥女要出嫁也须征得舅舅的同意，并给舅家一份财礼，称"骨头钱"或"赔偿费"。对于这一种婚姻形式，外人很难说服和干涉。

贵州壮族社会中舅舅在婚姻上的优先权，衍生出在社会生活中的

还娘头

"还娘头"亦称"还种""还姑娘"，是南方一些少数民族的婚俗孑遗，即舅家有优先娶姑家女儿为媳的权利。如舅家无子，外甥女要外嫁时，也必须征得舅父的同意，并且要给舅父送一定的"外甥钱"，或称"还娘钱""骨头钱"，民族学上称为"还娘头"。

手耙

勾刀和刀鞘

锄头

权势地位，舅舅是亲属中地位最高的人。平时外甥们见到舅舅，必须垂手侍立，听从吩咐。舅舅在外甥家被待为上宾，一定要坐首座，即使家中有年长的老人或来了比较尊贵的客人依然如此。在家庭事务决断中，其地位比寨老还高。如姑娘出嫁后，不论年龄多大，一旦死亡必须首先禀告舅家，待舅舅亲自察看后方能下葬，而不论路途远近；姑娘出嫁后，夫妻双方感情不和，或丈夫无理取闹而产生家庭矛盾，舅舅有权出面干涉，提出解决办法或警告，夫家必须认真对待，否则一旦矛盾激化，双方有斗殴的危险。舅权制的存在，对妇女的权益优劣参半：一方面，在法制不健全、封建势力较强的地区，它对妇女在社会生活及家庭中所受待遇有所保护，保证妇女不受欺压，使家庭日趋稳定；另一方面，它剥夺了妇女婚姻自主的权利，包办了妇女的婚姻，把妇女当成一种交换的物品，是妇女解放的绊脚石。

GUPUMINFENG
古朴民风
RENZHUIXUN　**任追寻**

"黑壮"与"蓝壮"

　　"黑壮"与"蓝壮"都是壮族，为什么有"黑壮"与"蓝壮"之分呢？

　　原来，壮族进入贵州后服饰产生了变化，既有布料颜色的改变，也有款式的改变。

　　贵州壮族服饰产生变化的原因，民间有两种说法。一种说法认为，壮族在贵州的居住地域，原来是苗族、侗族居住的地方，壮族在得到他们的同意之后才定居下来，但要改变服装，和他们一样。这种说法有一定的依据，如传说刚边宰船寨壮族的土地是加六寨的苗族送给的，在中华人民共和国成立前，每当宰船寨的壮族过壮年时，都要打糯米粑送给加六寨的苗族，以示感谢，相沿成俗。另一种说法是，九万大山老虎和"老变婆"较多，壮家妇女只有改变服装、穿上裙子后，才能免受老虎和"老变婆"的伤害。前一种说法，是社区内民族团结互

从江翠里壮族少女服饰（正面）

助、互相尊重、友好往来、关系融洽带来习俗文化相互浸染的结果。后一种说法，反映了历史上曾经有过的社会现象，即在偏僻的少数民族地区，掠夺人口的现象是存在的，而妇女则是比较容易遭受攻击的目标。壮族民间传说的老虎和"老变婆"，老虎可能是真的，直到中华人民共和国成立后，在20世纪50年代的中后期，九万大山还涌现出许多"打虎英雄"。至于"老变婆"，或许就是拦路抢劫的强盗，他们只是利用"老变婆"的幌子掩人耳目罢了。在这种险恶复杂的环境里，和周围民族在服装上等同或相似，更易于联合，少受攻击，是保护自己的一种方法。或许贵州壮族妇女的服饰文化中还隐藏有更多的历史信息，等待人们去追寻。

其实"黑壮"、"蓝壮"之称，是各地的风俗习惯在服饰文化上的不同反映。壮族作为中国人口最多的一个少数民族，服饰的差异是由于地理环境、习俗文化、经济状况的不同而产生、形成的。从贵州壮族分布的地域来看，由于多与其他少数民族相邻或交叉而居，社区民族关系良好，民族文化互相影响较大，其服饰结构及装饰手法往往带有周围其他民族服饰文化的元素，这是不难理解的。民族间的交流、借鉴是贵州壮族服饰的特点之一，是贵州壮族服饰变化的主要原因，也是与广西壮族服饰

翠里壮族少女服饰（背面）　　　　翠里壮族少女服饰（侧面）

文化的差别所在。

　　贵州壮族妇女服装的布料，都是壮族妇女用自种的棉花自纺、自织、自染而成。以蓝靛做染料，染成黑色或蓝色，黑色是贵州壮族服饰的主色调。布料的染制方法是，将自己种植的蓝靛草制取蓝靛，染布时，将蓝靛兑水，加石灰、酒为助染剂，初染布料呈蓝色，反复浸染多次则颜色越来越深。如果加草木灰浸泡过滤后的水一同浸染，则呈黑色。若再加牛胶及一种红色树皮染料，布料呈棕黑色。如在青石板上反复捶打，多次染晒，就可以制成棕黑色的"亮布"，布料质厚耐磨，富有光泽。

　　从使用性质来说，贵州壮族妇女的服装大致可分为两种：一种是普通劳动服，式样是左襟盖过前胸，经下巴斜下右腋直至腰际，内有一小襟，与右襟连接，藏于左襟下，小襟上有袋子，做钱袋用。就这种衣服的整体而言，与广西壮族的服装略同。普通劳动便装颜色随意，但多为青色、蓝色和黑色。另一种是传统民族盛装，盛装式样和前一

壮族黑色女盛装

种一样，不同的是盛装在袖口、襟边镶有花边。穿盛装时还要捆系围腰，围腰约 0.5 米长，0.4 米宽，均镶有花边或绣花。

　　从保暖性质来说，壮族盛装又可以分为夏装和冬装。冬装特别是民族服装以黑色为主。夏装配裤，冬装配裙。裙子以黑色为主，长齐膝盖，有皱褶及花边。着冬装时打绑腿至膝盖，绑腿为黑色，脚穿黑布鞋，年轻姑娘或小媳妇或穿蓝、黑色布鞋，年轻姑娘的鞋面上还绣有花和镶花边。贵州壮族与广西壮族妇女衣着最大的差别，是在衣服上镶花边及穿裙子。

制作蓝靛

　　从社交性质来说，按照民间传统习俗，不管春夏秋冬，天气冷热，贵州壮族在喜庆隆重的场合以及老人过世时，参加丧礼的人必须穿着壮族服饰。本族男女青年结婚时也必须穿着本民族服饰，不仅新郎、新娘穿，伴郎、伴娘也穿。此外，在过世的老人入土时，也必须穿着使用自产的棉布材料和手工制作的壮族服饰，不能穿着其他材料的服装。

从服装的外观来看，壮族妇女的对襟衣长，长及膝盖，裙稍短，衣袖稍宽，外扎绑腿。一般只戴一个银项圈，拴着一个锁形银块，有的另加一条银链挂于胸前。戴小耳环和手镯一至两对。

从装饰形式来说，贵州壮族服饰以刺绣、织锦、银饰为主要装饰手段，刺绣、织锦多集中在衣襟、袖口、领口、胸兜、背带等处。纹样以自然纹、几何纹为主，图案富于装饰性，色彩对比强烈，构成方式以连续纹样和单独纹样为主。由于绣饰所占面积不大，加上服装大部分为蓝黑色底布，因而形成局部点缀亮色、整体烘托、简中有繁、典雅素朴的艺术效果。盛装服饰与银饰及多种装饰的结合，使其又增加了一些华丽的感觉。

壮族妇女的饰物以银制品为主，较富的人家，妇女们常有银锁1个，银手镯1只，式样简单，平时很少佩戴，只戴耳环、手镯等小饰品。但在逢年过节或喜庆时刻，穿本民族服装时一定要佩戴银饰，如银帽和项链等。贵州壮族银饰相较苗族、侗族简略，银帽造型与苗族相似，银冠较简单，体积也小，其上饰以彩色毛线为主，这在其他少数民族银饰中较为少见。项链、项圈是壮族服饰的主要装饰之一，盛装服饰可戴4～5根项链，银链较粗大，有各种造型，另带多个手镯。从江壮族银饰最有特色的是挂在腰部的银吊饰，其实是一串银质穗形针线筒。贵州壮族服饰无论从服装结构样式还是

背带

背带是贵州壮族服饰工艺的集大成者，它既是背小孩的用品，也是壮族妇女重点装饰、展示自己手工艺水平的平台。贵州壮族的背带别具特色，其纹饰比衣服上的丰富得多。以背带盖为例，正方形的背带盖四周以黑线做边，四边为宽约2厘米的纹样图案装饰，多数以动植物图案为主，上下、左右图案并非完全对称一致。中间正方形四角有四块绣片装饰，图案多为蝴蝶、鸟等形象，背带边缘有几何刺绣纹样装饰。背带盖的正中央为花型绣片，花心部位绣以花卉纹样，花瓣部位常由蝴蝶纹样装饰。在孩子出生办"满月酒"时，外婆要送背带来，吃饭之前，主人家要把亲外婆送来的背带挂堂屋在正中，其他外婆的背带挂在两旁，让大家欣赏。如果背带的工艺水平差，是会被笑话的。

捶布

秀塘壮族女盛装（正面）　　秀塘壮族女盛装（背面）　　秀塘壮族女盛装（侧面）

装饰工艺来看，没有繁杂华丽、过于夸张的造型手法，整体呈简洁明快、清新质朴的风格特征。从一个侧面也反映出壮族的个性和特点。

　　从发髻来看，壮族妇女头上挽的髻，略偏左或偏后（侗族、苗族妇女挽的髻则偏右或偏前）。盛装时头戴半圆形银帽（造型与苗、侗银帽相似），用两根带子将银帽固定在头上。银帽前下方额头处为前后重叠的吊坠，外层一排多为小动物吊坠（如小鱼），内层一排多为几何形状吊坠（圆柱形居多），垂于前额，与眉齐。往上则是一些鸟、蝴蝶、花朵等动植物形状的装饰，满植于帽上，摇动时栩栩如生。帽顶插几根类似凤尾的窄长形银条，银条上端穿有小孔，穿缀一些较短的各色毛线（红、蓝、紫等），远看如花朵。在银帽的中部或者下部，凡是能够固定装饰物的地方也可根据

背带

个人喜好将一些假花固定其上，增加银帽的美感。以前银帽多为民间银匠手工打制，如今随着经济发展，对外交流的日益增多，为了节省成本和时间，也有人使用在市场上能买到的价格较便宜的银帽，其材质多为白铜。

从表现内容来看，贵州壮族长期生活在山清水秀的自然环境中，触目皆是蓝天白云，青山绿水。他们沐浴着阳光雨露，呼吸着清新的空气，与大自然相依相偎，天人合一是他们的宇宙观。山野田园风光陶冶了人们纯真、朴实的情怀，形成了他们热爱自然，以自然为美的审美心理，这一审美情感在壮族服饰中得到充分的体现。我们看到，壮族服饰所反映的内容大多取材于现实生活与自然物象，他们按照自己的理解和审美需求，将这些熟知的生活情态变化为鲜明生动、简洁概括的造型纹样。

贵州壮族由于受当地苗族、侗族服饰文化影响较大，居地靠近苗族的壮族，其服装与苗族相似；居地靠近侗族的壮族，其服装与侗族的相同。可以说贵州壮族服饰既融合了外民族的衣着特点而又保持自己

壮族妇女上衣左右侧银吊饰

秀塘壮族项链

的民族风格。由于贵州壮族服饰多为黑色，故广西的壮族称他们为"也隆"，意思为"黑壮"。而桂北一带壮族衣着尚蓝色，妇女不穿裙子，贵州壮族称之为"也莫"，意思为"蓝壮"。从服装的变化来说，壮族在此地居住的时间应当不短。贵州壮族民间有一首民歌唱道："遇着蓝壮你们不要骂，咱们的祖先以前从那里来。"服饰文化也反映了贵州壮族和广西壮族的渊源关系。

● 寓教于乐的"骂客" ●

　　贵州的壮族在壮年初三以后，以寨为单位组织男女老少组成赛歌队到另外一个寨子进行对歌和饮酒等。出发前，提出比赛一方的"赛歌队"（由男女青年组成）收拾打扮，穿着新衣，男子头缠黑头帕，插雄鸡毛，在本寨社庙前集合祈祷，由歌师领唱几首敬请社王及本寨已故著名歌师保佑本寨歌队赛歌胜利的"出征歌"后，率队出发。到了对手寨边，先放三枪，敲锣打鼓，对手寨就知道赛歌队来了。对手寨男女老少马上集合，也放三枪，敲锣打鼓到寨门迎接。主人寨里的歌队唱歌盘问客队，客队在寨门外列队以歌回答。双方对唱"拦门歌"后，迎客队入寨。在正式的赛歌前，主人寨在寨中的开阔地烧几堆篝火，摆好板凳，主人寨先在赛歌场中敲锣打鼓唱"闹场歌"，客队入场后，亦站着先唱几首"扫阵歌"，双方才开始坐下正式赛歌。两队互相问

村头拦路迎宾
....

村头拦路迎宾

古、拆字、猜谜，给对手设置一道道难题，如若答不出则要向对方认输，并请对方原谅和唱出答案。但由于两寨都有歌师在旁边参谋，给歌队进行提示或教唱，因此往往势均力敌，一直唱得难解难分，分不出输赢。客队离开时唱"分别歌"，主队也以歌送别，客队则继续到别的寨子去赛歌。这也是青年男女们大展歌喉、表露才华、留下美好印象的大好机会。壮族民间也称为"年歌赛"。

　　贵州壮族新年期间的"年歌赛"，一般会有一个特别的节目——"骂客"。大家一定好奇，逢年过节热热闹闹的，既然邀请人家来做客，为什么还要"骂客"呢？

　　在贵州壮族过壮年的地方，初三到初九，壮家寨与寨之间相互邀请亲朋好友，相互往来做客。被邀请方举寨出门做客前，首先以山歌向本寨的寨门神和社王祈求，意思是说：我们都出门走亲访友去了，你们一要护佑好我们村寨各方面的安全，二要护佑我们出门安康、赛歌载誉归来。接着就敲锣打鼓浩浩荡荡地向邀请方的寨子前进。来客快到寨边时，便鸣放铁炮、火枪，敲锣打鼓，向主人通报。主人闻声后，也鸣放铁炮、火枪，敲锣打鼓，到寨边拦寨门。待客人走到寨门时，主方拦住客人，不让进寨，还对客人进行不堪入耳的责问、谩骂。如过年期间你们为什么出门讨饭？你们从哪里来？要到哪里去？到处都有路，你们为什么偏偏要走这条？你们要进寨，谁家是你们的亲戚？面对着"阻拦"和"谩骂"，客方只能忍气吞声，装聋作哑。对主人提出的那些非常难堪的问题，客人只能发挥聪明才智答话，尽量不要露出破绽，使主人尽快满意，迎进寨来。如果客人回答与古理古规及民间典故有出入，或主人意犹未尽，就越发咄咄逼人地盘问。倘若客方不懂规矩，赌气返回，则要被村寨邻里间耻笑好几代人。其实，主人早已杀了牛、猪、鸡、鸭等，摆好了宴席，客人过关进寨后，分男女老少对坐，共度佳节。

待双方酒足饭饱后，主客就开始对歌。主人首先以歌向客人道歉：寨子小，房屋窄，人笨拙，地方穷，招待不周，对不住嘉宾，请贵客原谅。客人则以歌作答，夸赞主人说：你们寨子大，房屋宽，人心好，男帅女倩，人聪明，能工巧匠强人多，今天应你们邀请，得到你们的盛情款待，我们多谢了。接着双方唱盘古歌，围绕人丁、粮食、房屋、水酒等主题，以提问形式，一问一答。然后按性别、年龄和辈分关系的不同，还可以唱情歌、友谊歌、祝寿歌等。天蒙蒙亮了，就唱分别歌、挽留歌，情意绵绵，难舍难分。对歌时，唱者兴趣盎然，听者欢呼喝彩，一直唱到天亮。大家又一起共进丰盛的早餐。饭后，客方准备返回了，主方又送客方出寨门，唱欢送歌，双方依依惜别。分别后双方都有些许失落感，深感意犹未尽，青年男女更甚。

贵州壮族过壮年期间的"骂客"习俗，有其深刻的社会背景和厚实的文化底蕴。贵州壮族村寨一般是以一姓或夹杂少数几姓组成，多数情况下一个寨子其实就是一个大家族，女孩子嫁在村内的很少。由于婚姻的纽带作用，贵州壮族社区的村寨，几乎村村挂亲，寨寨有戚，亲上加亲，"手心手背都是肉"。可以这么说，在过壮年期间，壮族村寨来的客人，绝大多数都是亲朋好友，是"忘年交"。之所以要"谩骂刁难"，其用意不外乎以下几点。一是理顺双方的亲缘关系，通过年节的对话来强化、传承这层关系，这在寨头的"拦门对歌"中已充分展示。主人邀请了什么客人，与自己是什么关系，客人要到什么地方做客，如何称呼对方等相关问题，双方事前都已心知肚明，心中有数。不然，也不会随便邀请，没有什么亲缘关系的也不会举寨做客。二是

培养聪明才智和随机应变的能力。从"拦门对歌"到通宵达旦的对唱盘问，内容五花八门，涉及天文地理、人情世故，没有一定的知识储备和方法技巧是难以应对的。即使是简单的、有感而发的男女情歌对唱，也要胸中有料。三是传承民族文化。壮族是从哪里迁来的，是谁在此最先立寨，以及人类、物产、饮食等物质与非物质文化，都在对歌中涉及。对歌者也好，观众也好，大家都接受了一次民族的传统文化教育。四是考验各人的心理承受底线，"骂客"是假，教育是真。如骂你"为何过年去讨饭"，其实是一种警示，让你反省自己，在新的一年中该如何作为。通过"骂客"，双方的亲缘关系和社会知识水平，都在这一"骂"中得到了充实和升华。

对于"骂客"的由来，贵州壮族有句俗语说道："米闹米利歪，米拜米熟苗。"翻译成汉语，意思是："不相互对骂，棉花、禾苗不丰收。"人们的"对骂"是不是能使棉花、禾苗丰收，我们不得而知，因为就目前的科学水平而言，还不能证明这一点。但"骂客"使村寨间的友谊得到增强确实是真的。这是不是"骂是疼，打是爱"的最佳诠释？

● "二百四"和"三百六" ●

从江壮族村寨

在从江县平正、刚边、宰便等壮族聚居区，流传着"二百四"和"三百六"的说法，为什么这样称呼呢？

这既与壮族迁入贵州后的历史情况有关，也与壮族民间的管理机制有关。

在从江壮族的中心居住地区，民间有两种传说。

一种传说认为，在很早以前，壮族祖先褒金攘（褒，壮语"公"之意，壮语爷爷与公公不分，祖父与外公不分）、褒三相等18位老人，带着720人从广西思恩府的三里五十二洞迁到贵州境内的达假、孖德河一带，他们在斯闷坳上商议，决定按各个区域的大小、宽窄和垦荒条件的好坏来分配人员居住：分配240人，由褒金攘、褒三相、褒生依、褒台、褒萌正、褒萌情、褒永绕7位老人带领，住上下敖洞、南马、杆洞、打郎、打秀、上下洋洞、卡机、卡宰（多属今天的从江县秀塘壮族乡）等村寨；分配300人，由褒墨所、褒耀样、褒保受、褒萌平4位老人带领，住畹夭、畹平、古崖、畹良、畹田各村；分配60人，由褒匀、褒饮带领，住高麻、归林、机脸等村寨。这些壮族居住区域，被统称为"二百四"和"三百六"。如今称呼平正到板田这一段河流为"三百河"（实为三百六），即由此而来。另外分配120人，由褒降金、褒降寿、褒汉平、褒金刚、褒金瓯、褒金裳6位老人带领，分别住在尧辉、加榜、肯楼、纳登、纳宋、纳哥、纳禾、畹番、畹郎等村寨，俗称"内一百二"。

民间另一种传说认为，清军入关以后，向岭南进军，把壮族驱赶到桂北崇山峻岭的五十二洞地方。五十二洞地方山高林密，缺田少地，无法接纳太多的流民。被清军驱赶来的民众尚有720人无法安排，他们不得不继续向北（即黔桂边界）前进。他们到达黔境从江西南的刚边河、宰便河上游地区，见此地林茂人稀，尚有耕地可以垦殖，族长们便按地域广狭来分配人口：把240人安置在今秀塘壮族乡的上下敖洞、南马、打郎、打秀、卡机等村寨；把300人安排在今刚边壮族乡的各村寨；把120人安排在原宰河乡（1992年"撤并建"时并入宰便镇）的宰郎、宰便和尧贵乡（现并入加榜乡）的上下尧、加榜等；余下的60人便安排到高麻、归林等村寨。因此便有"上二百四""下三百六"和"内一百二"的说法。

其实，"二百四"和"三百六"反映的是壮族民间的社会管理组织系统，是壮族民间的自治管理机构，它的基础是壮族的家庭、宗支、家族结构，其功能与苗族的"鼓社"、侗族的"款"等一样，只不过这个机构以它最初管理的户数来命名，强调的是它的地域性和人口户数。从更深层次来说，它与壮族的宗法制度有关。

长期以来，壮族形成了以族（民族）聚居、以姓聚居的社会习俗。

同族聚居，因为语言、信仰、习俗等一致，可以加深相互间的关系，容易团结一致共同对外。同姓而居，就形成比较牢固的社会基层组织——宗族组织结构，即由家庭、宗支（房族）、家族三个层次构成的宗法性家族形态。

从家庭层面来说，家庭是壮族社会组织的细胞，是壮族宗法制家族形态的基层组织。贵州壮族的家庭一般分为两种类型：一种是三四代人同居共财的大家庭，大家共同劳动，共同生活，服从家长的安排。家长一般是家庭中的长者，以男性为主。当男性长辈因各种原因离世或神智有问题时，尽管有女性长辈存在，但一般也会让年轻的已成家的男子主政。另一种是由大家庭分解后形成的、由一对夫妇及未成年子女组成的小家庭，但过去这一类家庭并不多。壮族家庭的分解，既有社会原因，如产生了家庭矛盾等，也有地理环境的原因，如家庭人口

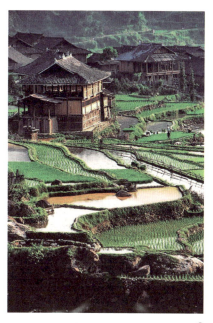

从江壮族民居与田园

摘禾

增多，但原屋基已不能继续扩展建房，只能另寻他处建房，造成事实上的分家。这种家庭居住格局，从建筑形态来看，体现为其传统民居以建筑体为基点形成的家庭网络，即具有亲属关系的许多家庭组成的社会网络，这种家庭网络以族属（集家族和民族为一身）为纽带，以一定地域为基点，以单一家庭为基本单位构成，其家庭网络的范围少则几家，多则几十家上百家。在这样的家庭网络中，组成家庭网络的各个家庭有着各自的居处、财产和生活方式，具有相对的独立性。但他们在日常生活中有着较为频繁的交往和相互支持。在一些村寨，这样的家庭或许还没有形成庞大的生活共同体，但它在对外方面表现出极强的凝聚力。在贵州的壮族地区，各个村寨基本上就是一个宗法制家族形态。

从宗支的层面来看，宗支从结构上来说虽然比家庭松散，但比家族紧密，因此，它是壮族宗法组织结构链条中重要的一环。相比之下，贵州壮族的居住特点，使它的房族结构比任何地方的宗支组织都要严密，因为贵州壮族家庭的分解，原则上以最老的屋基为基点，向左右延展，当地理条件不允许时，再前后扩展，这样的建房格局和原则，有利于把大家凝聚。贵州壮族宗支作为一个相对稳固的血缘整体，一般具有如下特点。一是具有较为紧密的经济上的联系。宗支虽然不是统一而稳固的经济实体，也没有多少固定的公共财产，但它是一个相对稳定的血缘整体，血亲关系较近，族人间具有约定俗成的经济上相互援助的义务，不仅体现在日常生产、生活中的互相帮助，更突出地表现在婚丧大事上。在宗支内部，不论谁家遇到婚丧大事，同宗支的族人毫不例外都得参加，并以钱米酒肉相助。即使已分居的弟兄或叔伯兄弟，也得在自己家里备办酒席，分别招待部分宾客。遗产继承是在家族内部按父系进行的。壮族有除"长子田"的习惯，即将遗产先除一部分分给长子，然后各子均分，长子仍得一份，拆分遗产时须请亲族书立"分关"。女儿没有财产继承权，如家庭富裕，在她出嫁时，也可以给她一部分土地带到夫家，当地叫"姑娘田"。"姑娘田"不能转让或出卖，女儿死后，田即归还娘家。近亲族人具有一定的财产继承权，财产继承有严格的规定。宗支内部某一族人死后无子嗣，其遗产通常由房族近亲处理，或变卖财产用作丧葬费用，或由同房均分。无子有女招婿入赘时，必须先将一部分产业送给本房族近亲，剩下的才能由赘婿继承。男子入赘上门，也要先把自己继承的产业留下一部分给其近亲，余者才能带到女家入赘。寡妇再嫁，不能把亡夫遗产带到新夫家，只能带走她的首饰、衣服。

此外，同宗支具有共同的祭祀活动，在贵州壮族表现为共同的"敬社"，以祭祀活动来维系宗支血亲关系。

家族是宗支之上的、由共同的血缘关系联结起来的血亲组织。贵州壮族的家族通常由同一祖宗的五代之内的若干个宗支构成。由于壮族往往是聚族而居，因此，一般是一村一寨就是一个家族。家族主要是由同祖同宗的深刻观念维系的。家族有为族人共同遵守的族规，违犯族规的族人要受到家族的惩罚。有自然产生的族长，族长一般由家族中辈分最高且年纪最大的人担任。外地客户欲迁入本乡本寨，必须要得到头人和寨老的许可，并且还须备酒、肉、鱼、香、纸去敬"霞"，即社坛，宣誓遵守本寨乡规民约及风俗习惯等之后，方能迁入。而由不同的族老、寨老组成地方性的管理机构，处理地方上的事务。

壮族迁入贵州后，正如"祖宗迁徙歌"所叙述的

壮族妇女在火塘边饮酒

那样，仍是聚族（民族、家族）而居，每个自然寨基本是同一姓氏，异族、异姓杂居甚少。中华人民共和国成立前，村寨的社会组织比较严密，各寨都有寨老及头人管理公共事务。寨老称"褒挽"，即"寨之父"。村寨之间，还有一定的联盟关系，但形式不一。

几个村寨联盟之主为"头人"，称"褒蓬"，即"一片地方的公老"。他们按地带河段划分大小不同的联盟组织。如以刚边寨为中心的平正河为外围地带，以宰便为中心的宰便河为内区。外围按河段分，由岩角至塘洞（上段）称为"二百四"（意即这一段河流的村寨共240户，有的传说是240人，下同），由七位公老做主。由宰别到板良（中段）称为"三百"，后人称为"三百河"，由四位公老做主。由平正到归林（下段）称为"六十"，民间传说只记得有一位公老叫褒匀绕管辖高麻和归林，其他不详。内区宰便河一带称为"内一百二"，由六位公老做主。这种村寨划片范围，可能是为了维护本片区共同利益，很自然地结合成村寨联盟，久之便成地名，成为贵州壮族村寨片区的代名词。各村寨间虽有联合，但职责、权利和义务是很明确的，如孖览河分三段，各寨居民只能在自己河段界内捕鱼，越界即须按"三抽一""五抽二"的规定，将捕获的鱼分给管理该河段的村寨，否则就会引起纠纷。

平正村现存一块石碑，是清嘉庆七年（1802年）竖立的，碑文罗列各村寨头人的姓名，反映了过去这一带村寨有严密的社会组织形式。

壮族在贵州居住地点固定下来以后，形成了地方的管理机构。壮族以户为地名，或许是受当地其他民族的影响，参照其他民族的习惯以户数为管理机构名称，久之成为地名。《黎平府志》卷三记载："苗地多以户称，如内五千、外五千、二千九，皆以户称地也。西山一千三户，故其地曰一千三。"说明当地其他民族也是以户为管理机构名称而后转化为地名的。当地壮族相互问候的时候，可能会问：你从哪里来？对方答：我从"二百四"来。别人不明就里，但当地人是心知肚明的。

● 凝聚人心的"故霞" ●

"故霞"，即壮语敬社神（"故"即"做""敬"之意，"霞"即"社神"），它是贵州壮族中比较重要的神祇。

贵州壮族祭祀的社王，传说来自遥远的东方。社王专管地方的安宁和生产，精通阴阳地理，会推算吉凶日子。据民间传说，社王本来想给自己找个好地方，推算一个好日子建房造屋，可算来推去的，没有发现一个好地方，一年的365天都没有一个十全十美的日子。因此，社王从东游到西，也没有为自己找到一个好地方和一个吉日造屋落脚。年关到了，"崴宜久"（即壮年）这天，他才迫不得已地在村寨边的大树脚下，草率地搭个棚子，暂时栖身过年。所以，人们只好在大树脚下搭个棚子（社王堂）祭祀社王，祈求社王保佑村寨人畜平安，五谷丰登。传说古时是用人祭祀社王的，后来看到用人祭祀太残酷，才改用猪代替。故祭祀社王时，要用绳子捆住祭祀所用那头猪的前脚，以木杠穿过猪的两腿间抬到社王堂，使猪的头朝上，后脚向下，就像直立行走的人一样。

"崴宜久"的下午，村寨内各家各户的男人不用打招呼，便自觉到社王堂前，先到习俗规定的地方割茅草来维修社王堂。将近黄昏时分，全寨抬一头猪到社王堂前宰杀，祭祀社王。贵州壮族祭供社王的猪叫"慕霞"（壮

"故霞"中放炮祭祀

师公祭祀

语中，"慕"即猪，"霞"即社王），该猪由寨子中的各户或各姓轮流喂养。祭祀时，每户要派一人穿本民族黑色服装，带一小酒坛、饭盒到社王堂参加祭祀仪式。当然，除妇女和孕妇的丈夫不能参加外，其余的人都可以参加祭祀仪式。由师公（相当于道士）主持祭祀仪式，师公念祭社词时，众人必须闭口肃静，不能喧哗说笑，否则在新的一年里庄稼收成不好，虎豹成灾。祭祀完毕后，先除一腿猪肉给大师公，一只前腿宰下交给次年轮值养猪祭"霞"的住户，剩余的猪肉煮熟，按户分成串，各自带回家敬供"三主"（天、地、祖宗）。有的当天带来糯米饭、煨酒等，三五一伙，就地聚餐。

　　在加榜的下尧，祭祀社王有些不同。下尧村有三个社王堂，一主两次，全村也分成三大族，轮到哪一族领头组织祭祀社王的年份，那一族就负责祭拜主堂。其他两族则祭祀那两个较小的社王堂。祭祀主堂的"慕霞"必须是两百斤以上的大肥猪，要八个人抬，祭祀用的一大坛黑糯米煨酒，要两个人抬；还有一百二十斤的糯米饭，由四个人挑。负责两个次堂的则要随意一些。那天最尊贵、最难请的人，便是祭拜社王的主师公了（祭祀社王的师公是世袭制的，别人不能替代），要先后去请三次。人们第一次去请，在他家门口叫他，他故意不吭声，其实他早已坐在家中火塘边等候了。大约过了10分钟，寨老又派第二批人去请，师公假意说他没有空而不动身。片刻之后，寨老又派第三批人去请，大师公才穿着皱巴巴的蓝长袍，戴着用自织的 12 米长的黑土布卷成带角的帽子来了。一到主堂前他就在规定的地方跪下拜祭，口中念着祷词，一直不抬头，显得很严肃，很虔诚。祭祀两个次堂的另外的两族也临时安排人员陪跪。祭祀那天到场的人，不准谈笑，不许大声喧哗，言行必须规矩，否则，当年全村的人丁、五谷、六畜就要受灾。待祭祀完毕，在场的人们才能自由活动。寨老把饭、酒、肉分成三份：一份归祭祀的主师公，一份分给寨上的各家各户，一份给到场的人聚餐。在祭拜社王的活动中，还有一个环节特别神秘，寨老取猪身上各个部位的肉共约半斤，放在竹子编成的小篾篮里，选一位孤寡老人，学着老虎叼着牲畜逃走的样子，把小篾篮叼到某个深沟去独吃，旁人则故意抓起树叶朝老人撒去，意思是把野兽赶跑。这位老人跑走时不能回头，否则将有不幸的事发生。据说有一年，一个调皮的后生用一粒小石子朝着嘴含肉篾的老人打去，老人感觉疼痛回头看了一眼，当晚寨子里便发生了野猫来抓鸡的事。还有一件怪事：在"横扫一切牛鬼蛇神"捣毁社王堂的那一年，下尧村遭受百年不遇的天灾——冰雹，把田地里即将收割的粮食都打落在田地里了，村民颗粒无收。

我们知道，民间信仰在一定程度上演绎了自身的习俗文化，这些习俗文化构成了民族认同的要素。共同生活习俗和相同、相似的宗教信仰，使他们结成一个整体，是共同心理的具体表现。不可否认，宗教作为一种"颠倒了的世界观"，就其本质而论，是消极的。"故霞"是一种民间信仰，虚幻的成分较多。但它毕竟是在人类征服自然和改造自然的实践中产生的，也具有一定的积极作用。

一是聚集人心，增强民族凝聚力。村寨里的每个人，每一户，

"故霞"中烧纸祭祀

火药枪

都必须有人参加"故霞"，大家不用招呼就踊跃参加社王堂的维修活动，主动性很强；"慕霞"由各户轮流喂养，平均承担义务，寓意大家是一个整体，在共同的"故霞"活动中，团结一致；不论外姓还是外族，只要得到头人和乡老的许可，同时备酒、肉、鱼、香、纸到本村寨的社王堂去敬"霞"，宣誓遵守本寨的条款及习惯等后，就是这个整体中的一员，既有权利享受这个整体的利益，也有保持这个整体正常运转的义务；"故霞"的目的是祈求地方平安，五谷丰登，六畜兴旺，但要实现这一目的，关键要靠大家的努力，要靠大家的辛勤劳动。

二是娱神、娱人。民间信仰是一种意识形态，产生于人类的童年时代。由于当时生产力水平十分低下，人们还无法控制许多自然力，思维能力尚不发达，难以正确认识自然现象，于是相信在冥冥中有一种超自然的神灵来主宰世界，或操纵某一方面的事物。因此，民间信仰是自然力量和社会力量在人们头脑中歪曲和虚幻的反映。恩格斯在《反杜林论》说："宗教是在最原始的时代从人们关于自己本身的自然和周围的外部自然的错误的、最原始的观念中产生的。""一切宗教，不是别的，正是人们日常生活中支配着人们的那种外界力量在人们头脑中的幻想的反映……被反映的，首先是自然的力量。"故民间信仰向来为人们所诟病，是情有可原的。

在漫长的历史长河中，人类在与自然的斗争中，有成功，有失败，但由于认识的局限，对成败的原因不能做出科学的总结，于是归之于神灵和天命。成者谢神，败者求神。成者因为有神的护佑而斗志更盛，败者也因为谢神而减轻心理压力，增强信心。人们视成功或失败的大小贡献不同的祭物，大则杀牲击鼓，吹笙饮唱，人神同乐；小则焚香烧纸，酾酒掐肉，尽己所能满足神灵的需要。"故霞"既是敬祭社王，也是一年到头的除夕之夜，人们最后一次欢聚，大家互相鼓舞，共同勉励，一起展望明年的大好时光，为新的一年而努力。既娱了神，也娱了人。

三是规范人们行为。原始宗教在维系社会的正常运转、规范人们的行为上也有一定的积极作用。由于人们认识水平有限，也没有什么强大的社会力量去规范人们的行为，便依靠宗教意识来维护社会的生产生活秩序。以宗教神秘的力量，在人、神的共同监督制约下，使伦理道德和习惯法能发挥最大的功用。因此，外人、外姓要加入本村本寨，就得在社王堂上祭祀社王，宣誓遵守本村本寨的乡规民约和风俗习惯。即在入社的第一天，就要接受当地的伦理教育，在人、神的共同监督下为人处世。

贵州壮族的"故霞"，并不是敬土地公，当地敬土地公称"故兹"，是壮年的初三进行，只有敬了土地公之后，人们才可以走出村寨，外人也才能进寨。从这个功能来说，似乎有"故霞"主内而"故兹"主外的寓意。但"故霞""故兹"的全民性，已超出了家族自身的祭祀行为，因此，它最为实在的功用，就是凝聚人心，为社区的团结稳定起着潜移默化的作用。

"故霞"中的鸣枪

● 山歌好比春江水 ●

　　壮族是一个善于以歌来表达思想感情的民族，壮族的民间文学艺术丰富多彩，主要题材有神话、传说、故事、诗词、歌谣、谚语等，在形式上大同小异，但内容则具有明显的地方色彩。从江、荔波等地壮族的民间神话有《盘古开天地》《刚射太阳》《龙拓公》等，传说故事有《文之歌》《龙妮与汉庞》壮语版的《梁山伯与祝英台》《吕蒙正中状元》等。贵州壮族民间文学艺术的特点在于，一般都是以叙事诗的格律，编成五言、七言一句，以说唱咏诵相结合的形式来表现。由于长期的浸染、熏陶，在壮乡，人们几乎都能出口成歌，演唱不同风格的调子，且以善歌为荣，编、唱民歌高手则被誉为"歌师""歌首"，受人尊敬。组织歌队进行赛歌是壮族的传统习俗，有"出门三步起歌声"之说。

　　贵州壮族的山歌，从格律来说，大致可分为"欢"和"比"两大类。"欢"一般是诵、唱结合，以咏诵作开头，叫做"俳"；接着演唱叙事长诗，叫做"板"，是"欢"的主体部分；最后唱一首四句或八句三首连环的"勒脚歌"为收尾。"比"出口成歌，有五言、七言四句，或以四句为基础，

芦笙舞

我们姑且称之为"一二三四"句，接着唱"五六一二"句和"七八三四"句，构成八句三首连环唱，是平时经常演唱的格式。"欢"和"比"的旋律，都是脚韵腰韵连环押扣，按本地语音声调有高低升降声律，歌唱和咏诵时，抑扬顿挫，铿锵有力，颇有引人入胜的美感。

从韵律来说，壮族民歌的韵律非常独特，与汉语诗词有较大的区别。壮语的山歌，除长叙歌（叙事歌）之外，其余的歌词，每一首都有八句，每一句为五个字或七个字，多了或少了都与曲调不符，无法演唱。不管五言句或七言句，其韵律形式是：第一句的脚（最末一字）与第二句的腰（中间一字，可以提前）押韵；第二句的脚与第三句的脚互押；第三句的脚再与第四句的腰押韵，四句或长句都是如此连环押扣。

这里举一首《卖布鞋，愁食宿》的壮族民间山歌，翻译成汉语供参考。这首歌的背景是：从前从江县境内的壮族妇女不会做布鞋，"二百四"的壮家人穿的布鞋都是由广西环江邻近村寨的姑娘们做的。她们做了鞋，挑到"二百四"来卖，天黑了她们发愁无处食宿，这时候"二百四"的几位少女对她们唱这首歌，并迎接她们到自己家里食宿。

姑娘们首先演唱：

> 下雨戴斗笠，水盈堤渡舟。
> 食宿家家有，何愁没盘缠。

这四句我们可以称之为歌母，即前文所说的"一二三四"句，是这首歌的骨架。其中"笠"与"堤"要押韵，"舟""有""愁"要押韵，即"脚押腰"，"脚押脚"，"脚押腰"。

姑娘们接着演唱：

> 鱼肉则少有，饭够客人吃。
> 下雨戴斗笠，水盈堤渡舟。

前两句我们称之为这首歌的第一歌子，即前文所说的"五六"句。第一歌子演唱完了以后，要接唱歌母的第一句和第二句。

姑娘们再演唱：

> 莫嫌寒窗户，避雨度春秋。
> 食宿家家有，何愁没盘缠。

前面两句即这首歌的第二歌子，即前文所说的"七八"句。第二歌子演唱完了以后，要接唱歌母的最后两句。所以有人说一首完整的壮族山歌是八句，即歌母与歌子，就是这样来的。如果重复计算，则

芦笙舞

一首完整的歌应该是三段十二句。

由五言或七言八句（或称十二句）结合为三段连环演唱的形式，在壮族地区很普遍，这种八句三段连环演唱也叫"勒脚歌"，或叫"三炒歌"。如此严谨的韵律，固定的字数，非一般人所能编构，故而歌师就是宝贝，是财富，只有社会经验丰富、悟性高、记忆好、思维敏捷、综合能力强的人经过短暂的构思后，才能编得出寓意深刻的诗歌来。因为在对歌场上，大家没有时间允许你翻书引籍，埋头思考。这就是壮族民歌与其他民族诗歌不同的独特之处。

从山歌的内容来分，壮族的山歌有情歌、琵琶歌、长叙歌（即叙事歌）、酒令歌、拦门歌、单身汉歌、相会歌、讨银钱歌、挖苦歌、孝歌、古歌、苦歌、赞歌（赞家庭、寨子、社庙、太平盛世、地方、楼梯、房屋等）、盘问歌、勉慰歌、婚姻歌、迎送歌、风趣歌、节令歌、老人歌、儿歌、时事歌、伤心歌（姑娘们恳求父母不要包办婚姻、过早撵她们出嫁，不要重男轻女等。唱者倒还坚强，听者无不伤心流泪）、梁山伯祝英台念诵歌等等。年轻姑娘们唱的主要是情歌、苦歌、盘歌、婚姻歌、迎送歌、风趣歌、节令歌等，而老年人们唱的则以勉慰歌、老人歌、孝歌为主。

从山歌的曲调来分，则有酒歌调（多为四人齐唱）、高腔调（一般用于唱山歌，老人唱）、平腔调（两人唱，也叫小歌调，为青年男女"行歌坐月"的小唱）、弹唱调（为琵琶、牛腿琴和二胡伴奏的调子）。一般演唱的曲调以平腔调、小歌调、弹唱调为主，尤以小歌调为青年男女"行歌坐月"的主旋律。一些姑娘不仅出口成歌，还能以琵琶（三弦）、牛腿琴、二胡等伴奏。壮族地区没有其他的娱乐设施，姑娘们在空闲的时候，时常三五好友聚在一起，自弹自唱，以丰富生活的单调，并把山歌当成交友谈心、抒发情怀的最佳方式，一曲山歌便能拉近双方的距离，增进彼此的了解。

从壮歌的唱法上看，有独唱（即二人对唱）、大合唱（有高低音混合大合唱，人数在 10 人乃至 20 人以上）、琵琶伴奏坐夜歌、木叶伴唱山歌、锣鼓伴奏唱孝歌等。也可以分为"合唱歌曲""重唱歌曲"和"独唱歌曲"三种。

壮族合唱歌曲中以复调音乐最多，一领众和，分高、低声部合唱，节奏缓急有序，各声部协调优美，根据演唱时声调的高低，旋律曲调

的变化，合唱歌曲可分为"低腔调歌""平腔调歌""多样歌"等。"低腔调歌"多是在男女社交场合，用琵琶和牛腿琴伴奏，以纤细小嗓和假嗓低声演唱，其旋律轻柔悠长，有如在广阔宁静的水面缓缓滑行。"平腔调歌"多在婚丧节庆、迎亲送友等礼俗中，以自然嗓音唱，分同声部与多声部两种合唱形式。一般都在一个乐段旋律结构的基础上配以多首歌词，反复演唱。每一乐段的开头皆由歌首起声，众人随之合唱同一旋律，或以低音延续衬和，尾声皆行拖腔。"多样歌"因演唱时每一乐段的曲调都有变化而得名，其演唱形式与多声部平腔调相似，它是壮族民间音乐艺术的结晶和难得的宝藏。其曲调多达十几种，有的曲调还吸收了广西彩调戏的音乐，用"呀哈海"为衬腔进行演唱，但由于"多样歌"不易全面掌握，所以许多地区都不能演唱，唯有刚边壮族乡宰别寨等极少数村寨的妇女能较全面演唱"多样歌"，其歌唱主题多是感叹妇女苦命、人生多艰的。

重唱歌曲以酒歌调为最多，演唱时由一人主唱、一人配唱，同另外两人对歌。演唱形式与平声部平腔调合唱相同，歌声平稳柔美，委

壮族芦笙比赛

婉抒情。

独唱歌曲是壮族人民多姿多彩的民间声乐的重要组成部分，有苍劲古朴、雄浑有力的古调歌，有小嗓轻唱、流畅抒情的弹唱调，亦有热情奔放、敞开歌喉高声大唱的山歌调。

壮族民间乐器主要有琵琶、牛腿琴、铜锣、钹、皮鼓等。琵琶只有尺许，以铜丝或钢丝做成四弦。曲牌有伴奏曲和弹奏曲，弹奏曲节奏鲜明，旋律跳跃，清脆悦耳，几把琵琶一起合奏时配以细腻的装饰音和衬音，犹如潺潺流淌之溪流。牛腿琴用钢丝制两弦，内置传音柱，拉动之时声音纤细。打击乐器多用于年节敲打游戏。

壮族戏剧，仍在从江县刚边壮族乡宰别寨流传，并组建有宰别彩调戏班，编排传统剧目进行演出。宰别彩调戏由广西桂林传入，至今已有近百年的历史。彩调剧目有"杀猪行""双捞虾""祝英台""豆火""拾月花"等30多个调头。伴奏乐器有二弦、鼓、锣等。在表演上"生""旦""净""丑"等角色各有各的身段、步法、手法和道具。此外，他们传承有师公戏，戴假面具，边跳边舞，表现宗教内容。

由此可见，壮族的山歌就像春江水，婉约清丽，绵绵不息，不愧是壮族人民流芳百世、取之不尽用之不竭的精神食粮。

● "血浓于水"的壮年 ●

过年，是孩提时代最为期盼的节日，穿新衣，挂红蛋，放鞭炮，品佳肴……它是一个孩童憧憬的愿望、一般都能够得到满足和实现的日子。

壮年是贵州从江地区部分壮族的重要节日，壮语的过年叫"更将"（"更"意为"吃"，"将"即"年"，直译为"吃年"），也叫"将也益"（"也益"即贵州壮族的自称，汉意为"壮年"），相当于汉族的"春节"，其氛围既隆重又严肃。过壮年的时间为农历的冬月（十一月）的最后一天，不管是月大（30天）还是月小（29天），这一天壮语叫做"崴宜久"（"崴"即"过"，"宜久"即"二九"，汉意为"过

祭鼓

走亲

二九"），相当于"除夕"。从这一天至腊月初十，都是过壮年的时间。此前的一段时间，各家各户都在准备过年的食物。

贵州壮族过壮年的主要过程：

农历十一月二十七、二十八，作过年的准备。家家户户清洗炊具，打扫房屋、庭院，擦拭家具、农具等，并在农具上贴红纸，意为"封存"。村寨、家庭清洁规整，迎接八方贵客。

"崴宜久"早上，各家宰杀年猪，下午男人们自觉到习俗规定的地方割茅草、大芭蕉草来维修社王堂。临近黄昏时分，全寨抬一头猪

祭祀

长桌宴

到社王堂前宰杀，祭祀社王。每户要派一人穿本民族黑色服装，带一小酒坛、饭盒到社王堂参加祭祀仪式。

当日傍晚，以自然寨为单位，家家户户把在社王堂分得的酒、肉、饭及家里准备好的一把香禾、数条干鱼、香纸、鸡蛋、三把牛草、烂草鞋以及一把捆成十二节的稻草火把（已点燃）集中在一起祭祀，由师公祈请社王接纳钱财、禧寿、福禄入户，保佑一年十二个月都能顺利平安。祭祀结束后，小孩们就开始敲锣打鼓，吹牛号角，挨家挨户喊着："钱财、福禄、禧寿到，快快接纳！"来到哪家门口，那家户主立马到楼脚烧香迎接。一直巡遍整个寨子，过年的热闹气氛开始形成。

新年一大早，妇女们争先恐后到井边"汲新水"。她们认为这是仙家送来的水，可以治病祛邪。同时，谁起得越早，就预示着新年越勤快，做事越顺利，运气更好。

初一是祭祖的日子，以房族为单位进行，从最近有老人过世的那家开始，由今及古，统一由一个师公念经，全族男女老少跟着师公走遍每一家进行祭祖仪式。祭祖完毕，各家都把年饭摆上桌。之后，众人便挨家挨户地到寨中各家"尝年饭"，一家吃一点菜，喝一点酒，一定要每家都走到。如果家里有客人来一同过年，也要邀请他一起到各家"尝年饭"。如果客人实在不愿去，那也不勉强。不过，熟悉和了解壮家这种习俗的亲朋好友，一般都不会在初一造访拜年，都选择在初三以后才来，因为他们是客人，主人家要敬酒，挨家挨户喝酒一般都要醉的。同时因为主人还未祭寨门、土地神，外人也不得入寨。

初二，亲、堂兄弟聚集吃团圆饭，家族大小有数家至十数家不等，全部相邀到家族中有辈分最高老人的那一家，各兄弟必须自己带饭菜。各户（人）所带的饭菜，没有式样和数量的规定，都是随意，但必须保证带来的菜每一桌都分有一份。现在，随着经济的发展，生活的富足，大家都竞相多带，以显富有。席间男女分桌，按辈分及长幼入席，正上为尊。年轻的要给老人们敬酒。

初三，仍以自然寨为单位，祭祀寨子的土地神，即"故兹"，"故"即"做"（"敬"），"兹"即土地公（土地神）。由村寨中的能工巧匠用竹木制作成大刀、长矛、火炮、枷锁等"武器"，象征性对土地神进行武装。然后，每家携带酒饭、香纸、酸汤（由酒糟、瘦肉、干鱼及韭菜煮过酿成），对土地神进行祭祀。只有祭祀土地公了，才可以出远门。据说壮家的土地公能够保佑寨子上的人能抵御盗匪、豺狼虎豹、瘟疫、病虫害等。因此，平时寨里的年轻人如果要出远门，在出门前，他们必须先祭祀土地公，祈求土地公护佑，否则就不顺利。如果谁家的小孩身体不好，在过年期间就按生辰八字推算，"缺"什么就需要"补"什么。如小孩"缺金"，就得拜寄给大岩石；小孩"缺木"，就得拜寄给大杉树；小孩"缺水"，就得拜寄给井水、泉水；小孩"缺土"，就得拜寄给大山。小孩按需要拜寄后，必须在过年期间的初一、初二或初十对所拜寄的石、木、水、山等进行祭祀，否则可能一年到头身体都不那么安康，没有大病也会小病不断。对拜寄物的祭祀仪式要到这个小孩成家立业后才结束，反映了壮家对自然、对生命的尊崇。

煨酒、腌鱼、腌肉、糯米饭

宾主共聚饮酒

从"崴宜久"祭社到年初三祭土地公"故兹"以前，忌晒东西、舂米、推磨等。忌外人进寨（包括出嫁妇女，祭社前回娘家的除外）和本村人出寨。这几天内只是家人团聚用餐，不请客不送礼。洗脸洗脚水不许往外倒。多数人家日夜灯火常明，香火不断。

初四以后，各村寨之间的亲朋好友们相互邀请，往来做客。

……

我们知道，节日文化本身所具有的热情、欢快的特点，无形中使它具有潜移默化的非凡功力，是人们接触的外来文化当中，最容易受到感染和接受的一种方式。因此，节日文化既有稳定性，也有变异性。稳定性是指节日礼仪不易改变，尤其是节日的时间性，不管是以农历还是阳历标记，一般不会轻易改变。变异性，主要是节日文化内容的变更或淡化、活动方式的改变等。传统节日时间改变的现象比较鲜见，偶尔有，其中必定有深刻的社会原因和历史原因。

据当地壮族的民间传说，很久以前，由于广西遭受天灾人祸，一些壮族百姓为了寻求美好的生活，不惜跋山涉水，历尽了千辛万苦，迁入贵州并定居下来。祖公们从广西迁来贵州谋生以后，遵照广西老祖公的吩咐，每逢春节和七月半（中元节）两大节日，分居两地的骨肉兄弟都要在老家团聚一堂。后来因为人口繁多，每逢大节，两地亲人来往团聚就很难进行。于是，在贵州的祖公们就商议每年两大节日要提前一个月过节，以便于分隔两地的亲人互相走访团聚。壮族民间还有一首歌流传下来，汉意是：兄弟分居各一方，千朝万代莫遗忘。过年十四（指六月十四中元节）应走亲，骨肉恩情永久长。因此，贵州壮族以十二月初一为岁首，五月初二过端午，以六月十四为中元节，即把节日的时间提前，就是为了返回广西过节。

送亲戚的猪腿

祭祀

贵州壮族提前过节真的是为了返回广西过节吗？

贵州壮族提前过节的村寨，都与广西毗邻，从这些地方返回到他们的祖先居住地，必须步行三五天甚至十天半月。因此，迁徙地的子民为了传袭母体文化、纪念祖辈而作出了提前过节的决定，这是情有可原的。在他们刚迁入贵州、人口较少的早期，如此变通比较容易达成一致意见，久之便相沿成俗。这是人类习俗形成的必由之路，从偶然到必然，从游离到固定。据说，在过去，只要是过壮族年节的村寨、姓氏，均不过汉族的节日。后来节日文化有所浸染，过汉族春节的村寨，逐渐地就不过壮年了，这也仅是近百年的事。因此，贵州壮族的民间节日传说，便又多了几分可信程度。

贵州壮族节日时间变更，是不是受周边其他民族的影响？

据史书记载，百越族系的民族中曾有以农历十月或十一月为岁首的记载。明朝郭子章《黔记•仲家》记载布依族"以十一月为岁首"。清朝康熙《贵州通志•蛮僚》也记载定番州（今惠水）布依族"以十月望日为岁首"。就年节而言，布依族在明末清初多数地区以"十一月为岁首"。中华人民共和国成立前，"平塘（布依族）还是在十一月终过小年，这是以十二月为岁首的继续……清代中叶以后，逐渐改以正月为岁首，正月初一称大年。"如今荔波和独山部分布依族中，有的以十一月为岁首，有的以十二月初一为年节。

在贵州高原，以农历十月或十一月为岁首的还有其他一些民族。如史载仡佬族曾以十月为岁首，"红仡佬，男子衣服多类土人，妇女以幅布围腰，旁无襞积，谓之桶裙，以羊毛缀线为之。起花，染红，色甚佳，不以传人。以十月为岁首"。

祭土地神

祭祖

　　贵州的苗族也曾以十月为岁首。明代郭子章《黔记·诸夷》记载贵州部分苗族"以十月望日为岁首"。乾隆年间《镇远府志·风俗》记载："（苗）以十月为岁首。"有的以十一月为岁首，"（独山九名九姓苗）以十一月朔为节"。

　　迁入贵州的壮族，与苗族、布依族等长期杂居在一起，习俗上相互浸染是有可能的。史料上也有记载，如"犵僮苗在荔波县，男子善耕作，妇人工纺织，短衣短裙，仅以遮膝。亲死不棺，反唱歌，镶木板殓而停之。及葬，子女哭必出血，守坟三月而还"。"僮苗住久迁、鹅甫、三洞、巴容、瑶庆五里，俗与仲相似。""僮苗系由广西迁来者，亦蓄发挽髻，耕种为主，性情淳朴，风俗甚陋。"

　　从江壮族过壮年和过六月半节，可能是沿袭古越人习俗，也可能是受到其他民族的影响。由于文献及口传资料的缺失，我们还难下结论。但不管是沿袭古风，抑或是在潜移默化中变迁，都是次要的。贵州壮族节日传说中的人文改革，这样的文化观念变更在其他少数民族中是少有的。它真实反映了贵州壮族与广西壮族之间"血浓于水"的深厚感情。他们间的民族感情，在节日的欢乐中不断得到了升华。

● "说壮话唱侗歌" 的缘由 ●

从江秀塘壮族女盛装

作为一个旅游者，或者一名对民族文化有浓厚兴趣与爱好的人，你可能会困惑于这样一种的现象：一个民族操持自身的语言，却演唱另一个民族的山歌，但对于这些山歌的内容却不明就里。

如果你到贵州壮乡的中心地区旅游、访古，你就会体验到这一神奇的现象。

在贵州壮族与其他民族杂居的从江，各民族和平共处，民族交往频繁。因此，民族习俗包括语言在内相互浸染的历史由来已久，致使后一辈人对这种现象习以为常，相沿成俗。

从江县刚边壮族乡的平正有几个壮族寨子，老百姓讲的是壮话，而唱歌时唱的却是侗歌；有些人虽然会唱侗歌，但对歌词大意是什么，往往不得而知。再如刚边、古矮、宰弄、宰牙这四个寨子的壮族，虽然在物质文化和非物质文化方面都有本民族特点，但具体表现在衣、食、住方面，与附近孖点寨的壮族差别较大，却与周边的侗族接近。这其中的原因，据说孖点寨的壮族是清嘉庆末年（1820 年）才从广西的南丹县迁来。他们迁到贵州后，一百多来年，仍与南丹的壮族保持交往，因此在衣、食、住等方面均与之接近；而刚边四寨的壮族则迁来较早，多年来已经与广西壮族没有什么交往了，同时壮族和侗族的风俗习惯和语言有一定的相似之处，与侗族长期交往，以致在服饰和风俗习惯上逐渐接近。

从江西山的壮族，他们讲的是壮话而唱的也是侗歌，与平正的情况相近。而宰便的侗族则反过来，他们讲侗话而唱壮歌。宰河的石姓和蒙姓壮族，据说他们的祖先是来自黎平潭溪和天柱的侗族地区，很显然原来就是侗族，因与壮族杂居、通婚而自然融合，就演化为壮族了。

从江高武壮族与苗族的亲密关系，比较有代表性。相传在很久以前，有欧、韦两姓祖先到高武打猎，他们看到当地山林茂密，土地肥沃，于是就定居下来，韦姓（苗族）住上寨，欧姓（壮族）住下寨。高武地名来自苗语，意为"山林坡地"。高武苗族称壮族为"丢兄"，意为"汉区来"，即"汉壮"。他们打猎时经常相遇，就互相结为亲戚，世代通婚，相依为命。故西山壮族的服饰与苗族相似，只是语言不同。

传说平正的部分地区原来是苗族居住，后来因为战乱，他们躲到深山里去了，使得土地荒芜。壮族迁来后，重新开辟土地定居，现在平正还有一些苗族的老屋基遗迹。在中华人民共和国成立前，宰船寨的壮族过壮年时，要打糯米粑送给附近加六寨的苗族。据说，宰船寨的土地是加六寨苗族赠送给壮族的，因此过年要送礼表示感谢，以后就相沿成俗了。

各民族的友好交往，也体现在精神层面。按当地壮、侗、苗、水等各民族的习惯，只有作为建寨之第一人（户），才能充当"活路头"的角色，管理生产经营活动，而不论他是哪一个民族。如宰便镇的蒙姓被认为是最早来到该地的，据说已有十多代人，300多年了。他们的祖先来到宰便时，当地全都是深山老林，河道两岸长满杂草。蒙姓祖先在宰便开荒辟草，整地造田，定居下来。所以，当地各民族按"先到为主"的原则，在每年开始春耕和插秧时，必须等蒙姓"活路头"首先动土挖田和开秧门之后，其他民族的农户才能开始耕作和插秧，否则"庄稼就长不好"，至今还是如此，已成常规。

壮族黑色服饰

贵州壮族的耕作习俗中，也可以见到各民族交往的踪迹。

每年立春之后，许多壮族村寨都要举行"开田门"和"开秧门"仪式，由最先定居当地的"活路头"选定吉日完成"开田门"和"开秧门"仪式后，其他农户才开始耕作和插秧。这也是广西壮族所没有的农事习俗。

贵州壮族的"开田门"，即在春耕季节到来时，人们选一"天干"中有"辛"的吉日举行耕作仪式。到时，全寨农户到各自管理的田间，挖几锄土，挑粪放田，把禾草埋在田中，或将禾草把在粪堆上烧成灰，插根芭茅草，表示从此以后就进入了农事生产阶段。

"开秧门"一般都选"地支"中有"卯"的吉日举行。当天清晨，全村各户到自家的田里象征性地插几蔸秧，另用芭茅草结成"草标"插在其中，意为人已占有了，鬼不能再来侵占，同时告诫人们不要随便下田。

秀塘壮族女盛装

　　"解耙节"也是贵州壮族的习俗之一，在栽秧结束后的第一或第二天，以房族为单位进行。因为全寨栽秧进度不一样，谁家先结束，谁家就先过"解耙节"。各户准备粽粑、猪肉、鸡鸭、鱼，请师公念经祭祀祖宗。祖宗祭祀结束后，先把耙子左边的那根藤绳解开，然后用粽粑叶把粽粑、鱼包在耙架上，之后把各种春耕春种工具一起用粽粑和鱼包了，意为用粽粑和鱼犒劳它们，感谢它们一年来对人们作出的巨大贡献，农活结束也该休息休息了。只有先犒劳它们，人们才心安理得地大碗喝酒，大块吃肉。对于那些经常放牛的小孩，他们的母亲就包一个十二节的长粽粑给他们背，随便他们哪天吃完，并让他们包着鸡腿、猪肉、鱼到他们经常放牛的地方去玩一天，不再看牛了。因为牛已经不用劳作了，理直气壮地在牛圈里等着人们割草来喂了。

　　"敬禾神节"又称"秧苗节"，是从江县秀塘、尧贵等地壮族的传统节日，时间是农历的五月初二。届时，家家包粽粑，杀鸡鸭，到各自的田头扯几兜秧苗，集中在大树脚的社庙前敬禾神，以求秧苗茁壮成长，谷粒饱满。

　　中元节，这是个仅次于壮年的大节日，在每年农历六月十四前后两三天过节，届时家家在堂屋设祭桌，摆上熟鸭或牛肉供祭祖先，另用纸钱封装鸭毛等到河边顺水放下。晚上有的人家还在房前屋后插露水香，并摘南瓜等挂在竹竿顶上，立于屋外，以此供奉天上地下的邪恶鬼神，防止进家作祟。节日期间，亲朋互相往来，对歌风俗兴盛，极为热闹。

　　立秋节源于禁忌习俗。据说过去有一种叫做"更若"的怪物常于立秋之日出来害人，"更若"来时河水倒流、石头会走路。所以人们禁止走出寨门，否则会倒霉。后来沿袭演变为节日。是日，村寨里的人按性别、年龄分成几部分，凑些鸡鸭鱼肉相约

秀塘壮族女盛装

秀塘壮族女盛装

到某家会餐，饭后老年人讲故事或把酒当歌，儿童们玩"捉迷藏"等游戏；男女青年则弹琵琶唱情歌，往往通宵达旦。

"退火殃"是贵州壮族又一区别于广西壮族的民俗活动，也叫"送火神"。每年深秋待农作物收割完毕，即选日子"送火神"。到时全寨各户都要把灶火熄掉，不能留下一丁点火星，把房子打扫干净，自带酒、

三百河壮族女盛装

糯米饭，所有人都集中到山溪或水塘边的平地上。各户凑钱买一头猪、一只羊，杀来送神，猪、羊要在溪或塘边宰杀煮好。众人在溪塘边忙碌时，寨里的鬼师带几个帮手，挨家挨户念祷词喷神水，撒沙子。待走遍全寨各户后，也到溪或塘边设台，把猪、羊肉当供品，烧香烧纸念经敬神，念完后用葱扎成一个水排模样，在排上放几粒炭火，然后放到水面上，让水冲走或风吹走，意为"送火神"。"送火神"后，由寨老按户分肉，每户一串，各家各户将所分得的肉，或一家人自斟自饮，或几家人自由组合共饮，把带来的酒、糯米饭在溪边或塘边吃掉。所有的食物必须吃完，不能扔掉，更不能带回家里。盛食品的器物，必须用沙姜和野麻水洗干净，在大火上方晃两晃后，方能带回家。之后各户才能在家里生火，否则即为不吉利。如果哪家不按规矩办事，一定会受到众人的责备，并对当年发生的火灾事故负责。因为贵州壮族的房屋，都是木质结构，又挨家挨户，最忌火灾。广西壮族的房屋多为土木结构，以土墙或石墙为主，相比之下防火的功能较强一些，对火灾也就不那么顾忌了，也就没有这样专门从事防火教育的民俗活动。

宰便壮族妇女服饰

酒醇食美 待贵客

JIUCHUNSHIMEI

DAIGUIKE

● "糯米仔" 的由来 ●

　　贵州的壮族喜食糯食，过去一日三餐几乎离不开糯食，更不用说逢年过节和喜庆活动了。由于对糯食的喜好，周边的其他民族便戏称壮族为"糯米仔"。

　　"糯米仔"是如何修得的？

　　我们知道，饮食文化与一个民族的生产方式、经济水平、创造才能等有密切的联系。各个民族因自己的生活地域、气候特征、宗教信仰等不同，都有自己某方面独特的饮食文化。甚至同一民族因居住地理环境不同，也在饮食文化上出现差异，表现出地域性的特征。糯食文化是贵州壮族饮食文化的特点之一，应该是壮族进入贵州后，受生态条件、社会环境等多重因素影响的结果。

　　贵州壮族喜食糯食，一是因为

吃新餐前祭祀·交代原由

壮族迁入贵州后，受到当地民族如苗族等民族饮食习俗的影响。贵州九万大山地区的苗族，历史上多喜欢食用糯米。《黔南识略》卷十三记载："军户多食晚米，苗人惟食糯米。"在逢年过节或办理红白喜事时尤甚。各民族相处时间长了，习俗文化相互浸染，饮食上受到影响是很正常的。二是地理环境使然。贵州壮族聚居的九万大山，森林茂密，云雾缭绕，水源丰沛，日晒时间短，积温相对少，多泡冬田和冷水田，对农作物品种有一定的限制和要求。而当地的特产香糯稻，生长期长，适宜深、冷水田种植。《黎平府志》卷三记载："黎郡地惟近溪河者……水田皆宜稻，独冷水田糯……按黎郡倚山而居，溪水常流，水田固有十之七八，而高冈大阜旱田亦有十之二三。"耕作环境如此，不种植糯谷也无法满足人们日常生活的需要。再者当地的糯谷品种确实优良，得到人们的由衷喜爱。贵州从江壮族地区盛产的香糯，因其秸秆和米粒散发出清香的气味而得名，是从江县特有的地方品种。由于有着特定的生态环境和栽培方法，从江香糯米质纯净，口感糯香，营养丰富，尤其对老弱病者有补血养气的功效，是理想的绿色保健食品。除营养价值丰富之外，从江香糯还有几个突出的优点：一是用从江香糯蒸成的米饭，凉而不干，冷而不硬，可放置一两天而随时食用，特别适合于携带到田间地头作干粮。贵州壮族招待贵客时喜欢摆长桌

从江县秀塘乡南马寨

吃新餐前祭祀·烧纸钱送钱

吃新餐前祭祀·陪饮，告慰先祖

宴，蒸熟的糯米饭就堆放在清洗干净的长桌上，主客人席前先洗手，席间用手抓食即可。客人想什么时候吃，想吃多少，由客人自己定夺，很是方便随意。二是饭粒圆润，晶莹剔透，营养丰富，油而不腻，可长期食用而不伤脾胃，强身健体。三是用香糯打成的糍粑，可较长时间存放而不皲裂，不长霉，稍加烘烤或油煎即软和如初，食用很是方便。贵州壮族民间有首打油诗这样描述："家家糯米是主粮，鱼鲊腌肉四季藏。秋后重阳酿煨酒，热天饭菜配酸汤。客来邻舍皆陪伴，还带酒肉敬客尝。先食糯饭后饮酒，席间对歌喜洋洋。"这是对从江壮族饮食习惯和好客的真实写照。他们认为吃了糯米饭，上坡下坎干活很抗饿，感觉"三餐籼米不比一顿糯饭"。因此，不仅是逢年过节及喜庆日以糯食为主，就是日常早出晚归的生产劳动，也以糯米为主食。

贵州壮族喜食糯米，形成独特的糯食文化，浸染在生产和日常生活中。在农事节庆、婚丧嫁娶、生日寿宴、招待宾客等民俗活动中，随处可见糯食文化的踪影。

我们先看看生产习俗上的糯食文化。

在物种的繁衍和延续链中，不论是动物界还是植物界，优良基因的载体——良种，永远是传承下一代以及带来丰收的保证。贵州壮族为了保证糯食文化的传承，十分注重糯稻的种子选育工作。糯禾谷种的选留方法比较独特，人们在收割前，先到田里选秆粗禾高穗长、品种纯正、粒多饱满、没有受过虫咬鸟啄的稻穗作为谷种，挑选好的谷种单独晾晒，挂在谷仓的上部保存，既保持干燥也防鼠。由于选种时要对禾穗纵横对比，认真仔细，故花费的时间较多，往往是一人一天也完成不了这项工作。因为谷种经过精挑细选，单独晒干和保存，使谷种的发芽率较高，品种也比较纯正，避免品种的老化或欠收。

香糯的收割工具独一无二。贵州壮族收摘糯禾所用的工具和收割黏谷的工具不一样。收黏谷用的是镰刀，以谷桶脱粒。收糯禾用的是摘禾刀，摘禾刀比镰刀小巧且精致。从江秀塘当地的摘禾刀刀片长3厘米，宽1.5厘米，嵌在月牙形的铜片或木片中间，铜（木）片后部开一小孔，孔内系上带子，用时就把带子套在手上，把摘禾刀夹在中指、无名指中间，拇指、食指捏住禾穗，手腕稍微向外一翻，便把禾穗剪下，使用起来很方便、轻巧。收割糯禾时是一穗一穗地摘，非常细致，一人一天最多仅摘禾谷60公斤左右。由于糯禾的收割方式比较独特，使它成为妇女的主要劳动之一，男同胞一般以"手粗握不好摘刀"为由，很少参与糯禾的收割。

香糯的晾晒方式也简单明了。糯禾收摘好后，人们把摘回来的糯谷禾把晾晒在"禾晾"上。糯禾把挂在禾晾上晾晒十天半月，待自然风干后，才一把一把地收下堆在禾仓里。"禾晾"是壮区独特风景的亮点之一，既向外人展现壮家的丰收成果，也是壮乡"路不拾遗、夜不闭户"良好社会风气的最好诠释。因为糯禾挂在禾晾上十天半月，夜间不收回，也无人看管，非太平盛世是看不到这道风景线的。

香糯的加工方法也比较复杂，是妇女们负担的主要家务活之一。糯禾要舂成米，首先要脱粒。糯禾脱粒的方法是，将禾把放在簸箕内，妇女手持拐棍光脚站在簸箕里，一脚踩住禾秆，一脚用力揉搓禾穗，将谷粒搓下。好在壮家妇女们的脚板相对粗糙，否则实在是难以应付这项工作。搓下的谷粒要用碓舂去壳，壮家的粮食一般都是现吃现加工的。一般鸡叫头遍后，壮家的寨子里便此起彼伏地响起舂碓声，这是妇女在为一家人一天的饮食做准备了。同时，壮家的寨子，在河边、沟边，水车特别多，这也是为了加工粮食而设。加工出来的糯米，先用水浸泡好，再舀入甑子里蒸熟，这也是妇女们的主要工作。为此在"走新娘路"期间，专门有接新娘来"上甑子"和"提禾上炕篮"的仪式。壮家如讥讽某男是"钻石王老五"，会嘲笑他"自己泡米自己蒸"，因为过去壮家有了妻子的男人，在家里是不挑水、不舂米、不做饭的，全由妻子包办。而没有妻子的男人，一切靠自己，当然也只好"自己泡米自己蒸"了。

再看看生活上的糯食文化。

可以这么说，壮家的节日文化无不与糯食文化浸染在一起。清明节是新年开始后的第一个节日，家家户户染黄糯米饭，杀鸡宰羊，男女老少上山扫墓。四月初八是牛神节，壮家传说四月八是牛的生日。这一天，为感谢牛终年劳累，要特地做白米饭给牛吃，而人吃枫叶、黄花染成的黑黄糯米饭，表示拜牛为"大哥"，让"大哥"吃新鲜米饭，而人为弟，吃"发霉"的米饭。这一天，牛不下田，休息一天，人们把牛关在栏内，由专人割青草来喂，或由专人把牛牵到水草丰美处放牧。也有的人家会给牛喂一碗糯米饭。五月初二祭社王时，全寨要杀猪、蒸糯米饭，由师公烧香念词祭社王，以祈求禾苗生长良好，粮食丰收。吃新节在糯谷将熟时选卯日过，家家户户到田间摘些谷穗来炒干舂成米煮饭，表示尝新。同时在走廊间用一小把谷穗、鸡、鸭、鱼肉等，烧香祭供祖宗，感谢神灵祖先赐予的粮食和美酒。吃完新米后人们才开始摘糯禾。吃新节是庆祝劳动的收获，也寄托着人们对美好生活的希望和追求。秋收结束后壮家要举行送火神仪式，也叫"退火殃"。壮

吃新餐前祭祀 · 给先祖奉饭

吃新餐前祭祀 · 给先祖添香

族的住房均为木制房屋，因此最忌火。每年秋收后，待农作物都收回家，即选好日子送火神。到时全寨各户都要把灶火熄掉，不留一点火星，各家把房子打扫干净，带上酒和糯米饭，全寨人都集中到山溪或水塘边的平地上杀猪宰羊，送火神后，由寨老按户每家分肉一块，各家各户便将所分得的肉和带来的酒、糯米饭在水边吃完。

糯禾把

在男女的交往中也可以看到糯食文化的踪影。逢年过节，壮族青年男女互相串村走寨。如果外寨男子进寨，是夜这些男子会凑钱买来香猪、鸡、鸭等，聚集于某个姑娘家，而本寨的姑娘们则端来自己蒸好的糯米饭以及亲手酿制的窖酒、制作的腌鱼腌肉等，大家边吃边唱，往往至天明方散。

摘禾刀

糯食甚至也成为男女私订终身的凭证。如男女双方在"坐姑娘"或"讨棉花""吃乡食"中相识，愿意结为秦晋之好，但女方的父母不同意这门婚事，那么女方悄悄将随身带的信物交给男方，双方约定好时间、地点，准备秘密私奔。到约定的时间、地点碰面后，两人连夜赶到男方家，男方将一桶泡好的糯米叫女孩提进家中，即表示该女已是男方家的人了。这与"走新娘路"中新娘"上甑子"和"提禾上炕篮"的寓意相同。

当家庭中的第一个孩子出生满月后，媳妇要带孩子回娘家省亲。她回娘家时，要带上一坛酒、几十斤糯米和鸡、鸭等祭拜祖宗。在娘家住一个晚上后返回。媳妇回婆家时，娘家舅妈及房族等就送粑粑、红糯米、红鸡蛋，有的还送几把禾穗（一般是 12 卡禾）。如果是外婆等一同送回来，婿家就要杀猪请客，请族内的长辈、兄弟姊妹及邻里都来陪客，他们来陪客时都带有糯米饭、酒、肉等。

　　由此可见，贵州壮族的糯食文化，涵盖了饮食的历史、习俗及与其他文化的内在联系，反映着一定地域内一个民族的社会、经济、文化等的概貌。虽然近年来由于人口增长压力的影响，壮族地区良种稻推广面积逐渐扩大，糯稻种植面积已越来越少，籼米已成为壮家的主食，人们亦学会用面粉做馒头和"面疙瘩"，但壮族糯食文化的历史积淀是非常厚实的，在重大庄严的场合，"搏饭掬水而食"的传统习俗依然受到人们的推崇。由此看来，"糯米仔"的称呼还是名副其实的。

从江县 界墙乡 壮族村

● 腌肉、腌鱼的"身份" ●

进入壮族村寨，得到壮家杀鸡宰鸭的热情招待不算稀奇，唯有腌肉上桌才显示出你地位的尊贵，是壮家心目中真正的贵客。如此说来，腌肉也是身份的象征了！

出售鱼花

贵州壮族地区气候湿热，过去没有冰箱、冰柜等冷藏设备，新鲜肉类很难保存，同时又没有集市可以随时购买。在这种情况下，唯有自身储备，才能满足不时之需。故贵州壮家的副食品以腌藏为主，喜吃酸味、腌味，久之即成习俗。除腌菜外，腌肉（多为猪肉）、腌鱼是各家常备的佳肴美味。

贩卖鱼花

贵州壮家腌肉、腌鱼等的做法是，先将鲜肉洗净晾干水，加盐喷酒，浸沤一天一夜，然后在木桶的底部先垫放一层拌入辣椒粉、五香佐料的较干的糯米饭，然后再摆上肉，肉上面铺同种的糯米饭，一层一层码放好后，面上再用一层较厚的糯米饭压实，铺上洗净的粽粑叶，盖上香禾草编成的草盖，然后用严密的木板桶盖盖好，桶盖上加石头压紧，置于家中阴凉处。经过两三个月的腌制，生鱼生肉经过盐碱

放鱼花标记

腌肉、腌鱼桶（上为压水撑棒和调整闩）

浸渍和隔绝外面空气，发生了化学反应，生味、腥味消失，冒出扑鼻的香味，即可取来吃。如果腌制的时间长，经过一年两载，则腌制品的味道更美。腌制好后，随吃随取，每次取出一些鱼、肉后，必须即刻照原样封紧，以防接触空气时间过长而变味。由于壮家的腌肉、腌鱼从木桶中取出即食用，初到壮乡的客人，刚开始吃时可能不习惯，或有恐惧心理，认为是生的而不敢吃。但如胆子够大，接受新生事物快，多吃几次，你就会很快喜爱上这独特的美味。其实你想多吃也不一定得到满足，这要看个人的运气和壮家人对你的感觉了，毕竟腌肉、腌鱼不是每家、每顿都拿出来招待客人的。以笔者的经验，腌肉、腌鱼的皮较韧，一般嚼不动，但如放在炭火上稍微烤一下趁热吃，则又香又脆，越嚼越有味。

　　不知何故，贵州壮家食用腌肉、腌鱼时，不用刀切，而是把腌肉、腌鱼直接拿到桌子上，走到每个客人前，用剪刀剪下，由客人用手接，而不是放到客人的碗中。当然啦，客人得到的永远是最好的部位。这应是一种独特的待客方式吧。

　　贵州壮家腌肉、腌鱼的做法可能是从侗家那里学来的。但当地的侗族以腌鱼为主，而苗族、瑶族则喜好腌制山珍野味。这也许跟他们的经济生活有关。因为侗族居住在平地，饭稻羹鱼，而苗族、瑶族喜欢撵山赶猎，捕获的山珍野味较多。壮家既腌（猪）肉又腌鱼，应该是他们既养香猪又种糯禾的真实写照。

到壮家，能在同一桌宴席上品尝到腌肉、腌鱼、香猪、煨酒的，应该终身难忘，笔者便是一个幸运的人。记得1986年3月，笔者走了三天的路，第一天从宰便走到加榜，第二天从加榜走到塘洞，第三天从塘洞走到上敖。村民们除了杀鸡宰鸭招待之外，还宰杀了小香猪，席间上了腌肉、腌鱼，其中居然有壮家腌制品中十分少见的腌牛排。村民都说，笔者是新中国成立以来，唯一一个从省城来到上敖村的客人，而且还是壮族，这是他们无上的荣耀，便把笔者当贵客款待。席间寨老打开了一坛18年的老煨酒，这是寨老亲自酿制的"保家酒"，色泽金黄，黏稠如蜜。当地饮用煨酒时，先把酒倒在面盆中，一般由主人家的儿子端盆，随主人围着宴席

腌鱼

转，走到某位客人的身后时，由主人用客人的酒碗从盆中舀酒。这坛老煨酒因为黏稠，酒碗搁在桌上，时间稍长，便黏在桌上了。真是酒好、菜好、人更好啊！村民们热情好客的印象，至今仍深深烙在笔者的心里。

腌肉

● 人间美味唯香猪 ●

　　从江香猪，是贵州壮族民间的特产，壮族同胞亲切地称它为"慕汗"，"慕"即猪，"汗"即"竹溜"，意思是"像竹溜一样的猪"。说明从江香猪体型比较小，味道较好，寓含了黔桂民间中的一句俗语："天上的斑鸠，地上的竹溜（竹鼠）。"享有很高的评价。从江香猪的他称有"迷你猪""七里香""十里香""萝卜猪"等，从名称上就可以看出人们对它的喜爱之情。

　　从江香猪是在特定的区域，经过长期的自然封闭状态下人工选择培育而成的地方猪种。它的生长环境上佳，处于无现代工业污染、空气新鲜、植被完好、水质清亮的月亮山区。从江香猪的肉质好，味道香，营养价值高，素有"一家煮肉四邻香，七里之遥闻其味"之美称。是壮族民间馈赠亲朋、走亲访友的上等礼品。

香猪

据贵州壮族的民间传说，他们的祖先从广西迁入九万大山以后，在开山造田开始定居农业之前，多以采薪、打猎为生。有一次，男人们上山狩猎，捉得一些小野猪回来。女人们看到这些小野猪既可怜，又活泼可爱，

香猪

便舍不得宰食。她们每天或采摘野菜饲喂，或在田角地边放牧，甚至用米汤和淘米水喂养。在她们的精心抚育下，渐渐地把野猪驯化成家猪，并繁殖了后代。因此从江香猪不管是外貌特征，还是生活习性、饲养方法，都与野猪有一定的相似之处。还有一些村寨传说，壮族同胞逢年过节都要走亲串寨，互相问候，仅有鸡鸭、糍粑、鱼肉作为礼品太一般，有一坛煨酒、一头猪才是最高规格的礼信。但其他的猪太大，不好携带，猪肉味也不佳。只有香猪味纯不腥，与一坛煨酒的重量不相上下，正好合成一担。人们挑起担子，优哉游哉地穿行于林间小道上、层层梯田间，礼重，情义更重。长此以往，其他品种的猪就逐渐被淘汰了。

从江香猪主产于从江县西部的 8 个乡镇，这里山高谷深，群山绵绵，千峰竞秀，地表起伏大，地形地貌复杂。

刚边壮族乡，境内最高峰是培奥山，海拔 1 549 米，最低点是归林河，海拔 212 米。地处高山狭谷地带的各村寨大多分布在海拔 300~880 米之间。元月平均气温 7.8℃，七月平均气温 26.8℃，年平均温度 18.1℃，年平均降雨量 1 220 毫米，无霜期 280 天。气候适宜，土地肥沃，宜农、宜林、宜牧。刚边既是从江县的香猪主产地，也

············●
鱼窝

是重要的香猪保种基地之一。刚边高麻的"田鱼苗"享誉省内外，是从江西部"稻田养鱼"鱼苗的主要供应地。乡境森林密布，植被完好，有森林 16.3 万亩，活立木蓄积量 14 万立方米，森林覆盖率 71.5%，植物资源丰富。

秀塘壮族乡，境内群山连绵起伏，溪河纵横，道路崎岖，交通闭塞。海拔 1 000 米以上的高山有 19 座，其中最高峰是尖山，海拔 1 515 米，最低山是五石岭，海拔 1 081 米，属于高寒山区。各村寨分布在 700~1 030 米之间。元月平均气温 5.9℃，最低气温达零下 5℃，七月平均气温 18.9℃，年平均气温 16.1℃，年平均降雨量 1 200 毫米，无霜期 240 天左右。森林面积 14 万亩，原始森林面积 1 万余亩，宜林荒山 4.37 万亩。森林覆盖率 53.5%。原始森林中有榉木、樟树、罗汉松、楠木等国家珍稀树种；有麝、穿山甲、黑熊、猴、野猪、野鸡、蛇等野生动物；河溪中有珍贵的动物娃娃鱼等。畜牧业以牛、猪为主，羊次之，特产香猪，也是从江香猪的产地之一和重要的保种基地。

宰便镇地处月亮山腹地，是从江西部的重镇和主要的商品集散地，全镇各村分布在海拔 405~890 米之间，森林面积 1.6 万亩，森林覆盖率 63%。气候温和，雨热同季，冬尤严寒，夏无酷暑，水质纯净，山间生长有 300 多种野菜，其中可食用的有 150 多种，当地百姓经常食用的有香菇、蘑菇、竹笋、折耳根、薇菜、蕨菜、小叶韭菜、芥菜、狗地芽等 20 多种。盛产香猪、香牛、香鸡、香鸭等，野生植物十分丰富。

另据 1981 年贵州省科学院调查，从江县仅中草药植物就有 2 000 余种，其中部分常用于饲养从江香猪，如夏枯草、车前草、鱼腥草、鬼针草、千里光、野兰花、虎杖、钩藤、剪刀菜、马兰、蒲公英、一点红等。据初步调查统计，天然青饲料有 46 科、140 种，年产量 2 700 万公斤以上。除上述草药外，常用的有芭蕉、芭蕉芋、水芋、悬钩子叶、猕猴桃叶、蕨菜、浮萍、野芹菜、鸭脚板、水青苔、水草、水花生、水案板、水葫芦、水慈菇等，其他还有鸡眼草、山蚂蟥、山豆、饿蚂蟥、小叶三点金草、野百合、野绿豆、鼠曲草、十字苔草、野葡萄等。从江香猪长期食入大量的野生青绿饲料、中草药，这是其肉质香嫩的重要原因。

从上可见，从江香猪主要产区位于海拔 300 ~ 900 米之间，最高海拔达 1 549 米，最低海拔 212 米，区域立体小气候明显。由于纬度较低，雨热同季，雨量充沛，水热条件较好。气候温和，年均气温 15~18℃，年均降雨量 1 100 ~ 1 300 毫米，相对湿度在 80% 左右。无霜期长，年均 220~280 天。土壤肥沃，多为黄壤和棕色石灰土，适于多种野生植物生长，各乡镇林草植被面积均占土地总面积的 85% 以上。

优美的自然生态环境，造就了从江香猪纯净无污染的品质。从江香猪主产地自然生态环境优美，千峰叠翠，山川秀丽，空气清新，水质优良，野生动植物资源丰富，草山草坡面积广，牧草繁茂，森林遍布，河水清澈见底，没有工业污染，自然生态环境良好。据从江县疾病防控中心检验，水浑浊度为 4 度，色度为 3 度，pH 值为 7.03，细菌总数 9cfu/mL，总大肠菌群小于 3MPN/100mL，游离氧 0.08mg/L。

从江香猪主产区属苗、壮、侗、瑶、水等少数民族长期杂居的少、偏、穷山区，山高坡陡，交通不便，商品经济不发达。贵州壮族的中心区域——宰便，在方圆 50 多公里的范围内，直到民国初年还没有场集，壮、苗、瑶、侗、水等族人民，除了自身不能生产的铁制农具、盐巴、衣针等少量的生产、生活用品需要以山货与游乡货郎"以物易物"交换之外，完全过着自给自足的自然经济生活。直到 1920 年，才在宰便河边的小坝子开辟集市，以农历初八、十八、二十八为场期。而其他乡场大多是在中华人民共和国成立以后才建立的。由于长期以来乡寨距离较远，不利于商品流通，外来商品必须是本地欠缺或必需的，如盐巴、衣针、铁制农具等，否则便没有销路和市场；而能够外销的，也只能是重量轻、价值高的商品，如香菇、笋干、皮张等，否则也无法外运。从农业、畜牧业生产上看，外面的家禽、牲畜、作物运不进来，

里面的销不出去。如一些村寨直至中华人民共和国成立后才开始使用铁制农具和牛耕，一些作物的种植技术和品种甚至在改革开放后才改变。长期的封闭，使当地的物种沿着自生自灭的轨迹，不受干扰地封闭发展，无形中保留了物种纯洁。

在香猪的培育过程中，当地还有这样的习俗，认为有子女的人家饲养公猪，是家贫无能的体现。只有孤寡老人因为生活无着，不得已才养公猪以获得微薄的收入度日。但九万大山内各村寨之间往来的道路崎岖狭窄，货物运输全靠肩挑背驮，将母猪外出交配的极少。偶尔出现这种情况，与其说是为了猪种的繁殖，不如认为是对孤寡老人的关照，但这也是仅限于本村寨内部。这里的农户都没有饲养种公猪的习惯，绝大多数都是村寨内、家庭内解决母猪配种问题，多半用"拉郎配"的方式选择种公猪。即在一窝仔猪中选留一头小公猪，待其性成熟后与母猪交配，母猪配种怀胎后即将小公猪屠宰食用或阉割。或将小公猪与近邻农户喂养的母猪配种，待母猪配种怀胎后将其宰杀。

这种封闭式高度近亲繁衍后代的习俗延续至今。长期高度近亲繁殖，决定了从江香猪基因高度纯合及不退化、不变异、性成熟早的优良品质，没有受到外来基因的干扰和影响。从江香猪就像一朵奇葩，藏在深闺无人识。

　　九万大山土地零散，村寨附近都是崇山峻岭，开成的梯田面积不一，多数又细又长。当地有"插秧不下田""脚盆田""斗笠田""腰带田"等说法。主要农作物为水稻，尤其是耐阴糯稻，农作物为一年一熟制，不种小季。耕作方式原始，粮食产量低，多数家庭的粮食收入仅能果腹和满足日常的社交需要。旱地较少，多用来种植棉花以纺纱织布，解决全家人的穿衣问题，农副产品极少。由于受自然地理条件限制，能有宅旁园地种植的农户屈指可数，加之野菜资源丰富，群众没有种植蔬菜的习惯。在这种自然条件下，人工生产的猪饲料很少，基本上靠野外采集，故只有体型小、耗料少、早熟易肥的猪才适合于当地饲养。从江香猪体型矮小的性状便是在这种特定的环境下经过当地少数民族群众长期选育的结果。

壮族村寨

　　由于从江香猪产区饲料粮食紧缺，饲养香猪的饲料除有粮食加工的副产品——香糯糠，以及少量的、清代末期才引进的玉米、红薯外，主要依靠野生植物饲养。凭借长期积累的、言传身教的乡土知识，妇女们将一些鲜嫩的野菜如鸭脚板、野芹菜、鱼腥草、浮萍等切细，把一些较粗老的野生植物，如猕猴桃叶、葛藤叶和悬钩子叶等用碓舂烂后放入铁锅或鼎罐中，加少许碎米、米糠和淘米水，用急火煮烂，晾

凉后掺入刷锅水喂猪，猪喜食易消化，极少生喂。一般早晚饲喂两餐，条件稍好的喂三餐，早上8～9点、中午2～3点、晚上8～9点各喂一次，其他时间放牧，让猪自由采食，当地称为"放敞猪"。这种传统的饲养方法充分利用天然野生植物及其种子如锥栗、青枫子、毛栗等，节约了成本，也使香猪的活动量大为增加，提高了猪肉的品质。

中华人民共和国成立前，壮族同胞饲养的香猪以放牧为主，民国

壮乡田园

年间，地方政府在保护农业生产的幌子下，规定不许农户"放敌猪"，乡公所人员或乡兵下乡时，看到敌猪就开枪打死，掠夺而去。有些乡兵甚至乘农户外出生产无人在家时，把农民关在圈里的猪放出来，再开枪打死掠夺。在这种高压政策及掠夺性实施手段下，农户逐渐形成了圈养香猪的习惯，楼上住人，楼下养畜。可以这么说，从江香猪是在长期的低水平生产条件下，以天然饲料饲养为主而形成的品种，故生长发育缓慢，体型矮小，适应性好，抗病力强，易于饲养。

从江香猪中心产区位于贵州省从江县的宰便、加鸠等地，是贵州高原苗岭山脉向广西盆地过渡的低山和低中山地带，地貌十分破碎，地形切割幽深，峰丛谷地，地势陡峭，有"上山入云端，下山到河边，两山能对话，相会要半天"的民谣。壮族等少数民族长期过着"世外桃源"般的、"日出而作，日落而息"的、自给自足的自然生活，民风古朴，热情好客。一家来客，全家族甚至全寨都要轮流招待，而待客的上礼，就是宰杀小猪，故历来有宰杀、食用仔猪的习俗。三四斤重的香猪便可食用，无腥味，十斤上下的为最佳。凡逢年过节，婚丧嫁娶，接客待宾，均宰食仔猪。或"白切"，用清水煮熟后切片蘸佐料吃，味鲜汤清。或烧烤，选十多斤的香猪一只，刮毛洗净后去内脏，晾干水，浇一层油，然后架起，以文火烤制，火势要控制得当，否则猪肉焦煳，生熟不均。所用的火并非柴火，一定要以稻草燃烧烘烤，以香糯禾草为最佳。不时翻动，使猪身(去头)各处烤成金黄色，待烤熟后切成片，以配料蘸食，其特点是肉鲜嫩，皮香脆，并兼有肉香和香糯的清香，可多食不腻人，不伤胃。有时也用作相互馈赠的礼品。宰杀香猪简单易行，经常是一个人就能完成，至多2人，就像宰鸡杀鸭一样。但宰杀香猪与宰杀鸡鸭待客不可相提并论，它的规格、级别要高出很多，客人受到尊崇，主人也感到荣耀。故当地各族百姓都乐意宰杀香猪来待客，对香猪的需求很大。在自给自足的经济条件下，只能自家喂养。有些人家饲养的香猪数量，超过饲养鸡鸭的数量，这是当地禽畜饲养的一大特点。而猪的食量大，所以当地群众都爱选择体小、易肥、肉香、生长期短的猪种来饲养，这也是香猪品种得以长期保存的社会条件。

总之，从江香猪"小、香、纯、净"的优良品质是在特定的自然生态环境、自然经济和人文因素的长期共同作用下形成的，与环境、气候、水质、土壤、野生植物有着很大的内在联系。从江香猪异地饲养，由于气候、水质、土壤、野生植物发生变化，饲养方式改变，营养水平提高，个体会有所增大，肉质品味不如原产地香纯，产生这一变化的因素有待于进一步研究、鉴定分析。《晏子春秋·杂下之十》曾记载："婴闻之，橘生淮南则为橘，生于淮北则为枳，叶徒相似，其实味不同。所以然者何？水土异也。"这也提醒我们，有些物种是需要原产地保护的。

从江香猪是当今世上稀有的小型猪种之一，两月龄10斤左右的幼猪，皮薄（0.26～0.31厘米），肉嫩，味鲜香，双月乳猪食用无腥味，有如鸡肉相似的鲜香味。经组织学测定，其肌肉纤维比长白猪细，肌束肌纤维数量多，肌大束及肌束间距较短，表明从江香猪肉质细嫩。瘦肉占整体的60%，肥肉仅占20%，因此常常被人们用来做"烤乳猪"。

香猪为世界珍稀特种经济动物，用途广，开发潜力大，是值得保护与开发的地方名特优项目。直到1977年贵州地方猪种资源普查时香猪才被发掘出来，被编入《贵州省畜禽品种志和图谱》；1980年被列为中国八大地方猪种之一；1993年被农业部列为二级保护畜种；1995年从江香猪主产区被农业部命名为"中国香猪之乡"，地域涵盖黔桂两省（区）接壤的贵州从江、三都、榕江、荔波、雷山、丹寨等县和广西环江、巴马、融水等县；1999年荣获"中国国际农业博览会名特优产品"称号，以其"体型矮小、肉质香嫩、基因纯合、纯净无污染"而著称中外。

● 煮酒的最高境界 ●

壮族煨酒

中国是最早酿酒的国家和地区之一，很早就发明了酿酒技术。酒是社交联谊的润滑剂和催化剂。中国民间有句俗语叫做"无酒不成席"，揭示了酒在宴席中不可替代的作用。世上有名目繁多、种类不一的酒，原料及发酵、储藏等生产工艺各不相同，香味、口感、度数各异。百花齐放，争奇斗艳。

酒是怎么产生的？

在中国有很多关于酒起源的传说，不一而足。大致有酒星酿酒传说，神农造酒传说，仪狄、少康造酒传说，猿猴造酒传说，自然发酵传说等。

在酒星酿酒传说中，认为天上有掌管造酒的酒旗星，是它酿造了酒。酒旗星在《周礼》中便已提及。酒旗星的方位，据《晋书·天文志》记载："轩辕十七星，在七星北。轩辕，黄帝之神，黄龙之体也……轩辕右角南三星曰酒旗，酒官之旗也，主宴飨饮食。五星守酒旗，天下大酺，有酒肉财物，赐若爵宗室。"古人认为酒旗星不仅造酒，还掌管福禄，五星守酒旗则天下太平，五谷丰登，六畜兴旺，人民衣食无忧。所以，古人对酒旗星是相当喜爱的，也十分尊崇。东汉孔融在《与曹操论酒禁书》中，以"天垂酒星之耀，地列酒泉之郡"为由，反对曹操禁酒。曹植在《酒赋》中也有"仰酒旗之景曜"之句，对酒星不乏溢美之词。"酒仙"李白更是在《月下独酌·其二》诗中，有"天若不爱酒，酒星不在天"

的诗句，认为喜酒是天意。酒由酒星制作，这是古人的一种猜想和附会，我们不必认真考究。宋代窦革所撰《酒谱》即已对此加以否定。

　　酒是自然发酵形成的传说，也由来已久。晋人江统在《酒诰》一文中记载："有饭不尽，委余空桑，郁积成味，久蓄气芳，本出于此，不由奇方。"即干净不沾油盐的剩饭，在适当的温度和湿度条件下发酵到一定程度，在一定的时间内，就会使饭变馊，饭馊到一定程度，恰好就是酒味。

　　其实酒与其他发明一样，是人们在生产生活中经验的总结，是乡土知识日积月累的结果。人们从自然现象中学会了酿酒，

壮族煨酒

并使酿酒技艺不断地升华。这不是哪一个天才的发明，更不是哪位神明的赐予，是各族人民共同创造的。

　　贵州壮族大多聚族而居，聚姓而居。在村寨内或村寨之间，一般都有一定的亲缘关系，可以说是"姓姓有亲，寨寨有戚"，社区关系十分融洽，民风古朴。在这些壮族聚居的村寨，老百姓都喜欢饮酒，一些妇女亦有饮酒的习惯。壮族群众过去饮用的酒水，几乎都是自己酿制的。我们根据酿制的不同工艺，大致可以把贵州壮族民间的酒品分为烧酒、泡酒、甜酒、重阳酒、煨酒等。不同工艺造就不同的酒品，不同的酒类它的使用场合也不尽相同。

糯禾田

不锈钢凉饭盘

三眼木饭甑

烧酒，即蒸馏酒，是人们最常饮用的酒类，在一般的宴席中都可以看到，相对来说它也是贵州壮族民间最"辣"的酒。烧酒的制作工艺相对较为复杂，工序较多。主要工艺是：将籼米或糯米（较少使用）煮熟，倒出使之冷却到一定温度后撒上酒曲，酒曲的用量为每十斤米约需放一至二两，籼米略多于糯米。将酒曲与米饭拌匀后，装进缸或盆中密封，一般两天（天气凉爽则三至四天）就发酵成甜酒，即醪醴，甜如蜜。随着放置时间的延长，发酵程度加深，酒度也不断升高。三五天后可将醪醴倒进大锅中，锅上放木制酒甑，酒甑略呈喇叭形，下大上小。醪醴低于甑底沿约一寸，不能漫出酒甑。甑底外边用浸水的湿布压实，阻止蒸汽外泄。在木甑约三分之一处（高于锅沿）开一个直径约半寸的圆孔，由内而外引出圆形涧槽，涧槽与甑壁结合紧密。槽口接竹管，竹管插入酒坛，坛口也以湿布遮盖。甑子上面放上一口铁锅，俗称天锅，天锅内装冷水。酒糟加热后冒出蒸汽，蒸汽上升至装有冷水的天锅底部，遇冷则凝结成酒水，滴进涧槽，流入酒坛中。烧酒还可以用包谷、小米、红薯等制作。以糯米、小米烤制的为上乘，酒质最佳。同时，有不能用香樟等树木来烤酒的禁忌，传说香樟树等有解酒的作用，用它们做烤酒的燃料，既会引起酒度下降，也使产量减少。此外，烤酒时要掌握好火候，既不能太大，火大了易糊锅，影响酒味，也不能太小，火小了出酒率低，酒味淡。

泡酒，也是贵州壮族一般家庭中较常

饮用的水酒。它的制作工艺比烧酒还要简单。泡酒多用糯米酿造，如果没有糯米，也可以用籼米酿制。以糯米为原料酿制的泡酒味道比较醇和、芳香。泡酒的制作方法是：将糯米用温水浸泡几个小时至略有发胀，放进甑子蒸熟，把蒸好的米饭倒在簸箕上摊开使之冷却，撒上甜酒曲拌匀，装进小口坛子里。待发酵成酒醪后，加入一定比例的冷开水，密封存放五至七天后即可饮用。在饮用期间可按个人喜好再添加些许凉开水浸泡，酒度可高可低。泡酒入口醇和甜润，饮后甘爽味长，具有开胃、消暑的功效。泡酒既可以作宴席用酒，也可以作为待客的饮料，当茶水饮用。

　　甜酒，是贵州壮族的一种特制酒，一般在逢年过节或家中有产妇时制作。甜酒以糯米为原料做成，不用籼米或其他。甜酒的做法是：将糯米饭蒸熟，摊开冷却后用专制甜酒的酒曲拌匀，然后盛入坛中。如气温较高，把坛子放在屋角即可。如天气寒冷，须将坛子放在火塘旁，或用米糠、破旧棉褥等保温，待香气溢出时即发酵成甜酒。饮用其汁，酒汁呈乳白色，糖度、酒度、黏度都比较高，过度饮用往往在不知不觉中醉倒。但多数连同酒糟一起食用，味道十分清甜可口，也就是古人所说的醪酒。冬季食用可以暖胃御寒，夏季可以用之消暑解渴。或与汤圆、糍粑等同煮，作为早点或夜宵，是壮族民间过年时常见的一道小吃。甜酒也是当地妇女产后必备的补品，通常与鸡蛋同煮食用，营养丰富，具有补气、活血、恢复体力的功效。

　　重阳酒，因为在每年农历九月重阳节前后酿制而得名，它只能用

煨酒压滤机

煨酒缸

糯米制作。其制作的头道工序与酿制甜酒相同，即先酿制糯米甜酒，待发酵充分后装入坛内，再加入一定比例的以糯米为原料制作的烧酒，密封坛口，置于阴凉处，到第二年重阳节或壮年时再开坛饮用。重阳酒一般贮藏一年以上，因而酒味香醇，沁人心脾。重阳酒其味介于泡酒与煨酒之间，不同的是加入了糯米烧酒，故酒度略高，味道独特，醇香可口，是壮家酒中珍品。壮家重阳酒产量较少，能享受到重阳酒招待，说明客人有一定身份，主人比较敬重。一般来说，主人家不会取出重阳酒来招待普通客人的。重阳酒能驱风祛寒，常饮重阳酒能健体强身。

不管是烧酒、泡酒还是重阳酒，它们的最初成品都是甜酒。甜酒是各种以粮食制作的酒类之母，是粮食拌酒曲发酵后的第一道酒，甜酒的品质决定其后期产品的质量。而甜酒的品质，由制酒的作物和酒曲决定。制作酒类作物不同，所使用的酒曲也不同。酒曲也分甜酒曲和一般酒曲。壮族民间有句俗话叫做："米好酒好，曲好酒香。"强调了制酒必须要有真材实料。还有一句俗语叫做："人好酒甜，人恶酒酸。"既有成语"狗恶酒酸"的意境，也更进一步地说明了只有心地善良的人才能酿出好酒，而心胸狭窄的小人连酒都酿不好。这就是壮家的酒道！从酒品上来看，贵州壮族民间制作的酒类，多为低度酒、甜酒，烈酒很少甚至没有，这就像他们的性格一样，淳朴而不乏热情，注重修身养性。正是因为喜爱甜酒，有制作甜酒和低度酒的丰富经验，才使他们最终发明了煨酒。

贵州壮族虽然没有酒的起源传说，但对于煨酒制作工艺的掌握，则有一个传说：几百年前的一天，一群土匪进寨抢劫，有一位壮族男子，为了不让自家仅有的一坛酿酒被土匪抢走，情急之下，只好将酒罐埋在楼脚尚有余温的草木灰里。谁知在逃难途中，这名男子被土匪劫持上山。数年后，他跑回家，从灰里取出酒罐，打开盖子，顿时满屋飘香，酒味甘醇，比用一般方法存放的酒要好喝上百倍。后来人们仿照此法，研制出了壮家的煨酒。

煨酒，是贵州壮族酒文化的集大成者，也是从江的地方名产。

贵州壮族煨酒，因在制作过程中有一道工序是将酒置于火边煨烤而成，所以称煨酒。煨酒主要产于从江县刚边、秀塘、加榜、宰便等壮族社区，是壮族的传统佳酿。当地壮族人家视家境情况，各家几乎都制作有几坛甚至数十坛煨酒，以便随时待客或作他用，是家庭中的必备酒。

壮族传统煨酒

制作煨酒的原料主要是糯米，酒曲是发酵剂。

贵州壮族传统上用于酿制煨酒的糯米是由糯谷脱壳而成，糯谷有两种，即旱禾和水稻，都是当地的特产。旱禾即陆稻，在当地叫旱谷或旱稻，性耐旱，适合旱地种植，是水稻的变异品种。通常种植于热带、亚热带的山区、半山区的坡地、台地或温带的少雨旱地。陆稻种子发芽时需氧较多，吸水力较强，而需水量较少。陆稻粗根比例较大，根系发达，分布较深。主根上产生均匀的细根，根冠比较高，抗旱性强。旱稻由于特殊的生产环境，微量元素和矿物质含量较高，营养价值丰富，是制作煨酒的最佳原料。但是，因为旱稻尤其是糯旱稻的种植面少，产量也不高，故用糯旱稻制作的煨酒就弥足珍贵。

传统制作煨酒的原料主要是从江香糯，因其禾秆和米粒散发出芳香的气味而得名，是从江县特有的地方品种。由于有着特定的生态环境和栽培方法，从江香糯米质纯净，口感糯香，营养丰富，尤其对老弱病者有补血养气之功效，是理想的绿色保健食品，用香糯酿酒，有"锦上添花"和"画龙点睛"的功效。

贵州壮族制酒所用的酒曲，都是自己上山采集草药植物制作。自制酒曲一般都要用十多种草药，但用哪一种草药，用量多少，则各人有所差异。草药采集回来后将它们晒干，加工成粉末，与麦麸拌在一起，捏成圆球，用木叶盖在上面，待发酵后阴干即成酒曲。酒曲按制作酒类的不同，原料的各异，草药的配比也不同。这些经验的取得，或系家传，或在亲朋姊妹间习就。实在是仁者见仁，智者见智。值得一提的是，贵州壮家制作的酒曲，是壮家人从山上采来羊角叶等多种野生植物制成的，这些野生植物都具有开胃、御寒、祛风活血的功效。加上酿酒的糯米是壮家人自己种的，生态环保，无化肥农药残留，营养丰富。酿酒的水是从深山里流出来的山泉水，甘甜无污染，酿出来的酒自然纯正无双。

煨酒选用当地优质糯米为原料，先将糯米淘洗，用清水浸泡12个小时，至略有发胀，便用饭甑蒸熟，将蒸熟的糯米饭趁热摊开，使其疏松，让其自然冷却至25～30℃，然后将适量水、酒药洒于糯米饭中轻轻拌匀，之后，放入盆中发酵。此步骤的关键技术有三：一是大米的浸泡。浸泡时间不足，蒸出的米饭可能较硬，蒸的时间也比较长，甚至有蒸不熟、不透的现象。浸泡过头则蒸出的米饭较黏，不易摊开冷却，也难以让酒曲与饭拌匀，影响发酵，出酒量也减少。二是米饭温度的掌握。过去没有温度计，米饭放置时间的长短完全凭手感。勤快的主妇会频繁地翻动米饭，使其内外的温度均匀。否则，米饭过凉则影响发酵，延长生产周期，甚至因发酵不充分使酒质变坏；米饭过烫则伤酒曲，把酵母菌杀死，也会使米饭因酒曲过少而发酵不充分，影响酒的甜度和酒度。三是酒曲用量的多少。酒曲的用量及配比因人而异。酒曲少则使米饭发酵不充分，酒味淡而不甜，出酒量少；酒曲多则酒易苦，味冲，口感不佳。而这一切的掌握，没有一个物理参考量，没有一个统一的标准，完全是社会经验的总结和悟性的高低。总之，勤学苦练、

市场上出售的煨酒

不断实践才是致胜的法宝。

待酒发酵成熟（一般两天两夜）、味甜香气四溢时，就把酒放入小口坛中压实，忌沾油盐，中间做一小凹，加盖保温两昼夜，就可见酒汁渗出于凹处，此时按1斤米1斤水的比例掺冷开水浸泡，待酒精度达到20度左右，滤出酒渣，把酒汁倒入小口酒坛中加盖密封，用粽子叶包好坛口，外用黄泥巴、草木灰合水少量压实，将坛置于火炉边慢慢煨烤，以文火烤制，并经常转动坛子。经一天左右的时间，当听到坛内水沸响时，再移到阴凉处或干燥的楼

正在煨酒

上存放。有的人则在坛口上放一小碗水，碗内水干即酒已煨好。煨好的酒存放后不要移动，三四个月后便可食用。此时酒液色泽金黄、香甜、性和、不打头。当然，密封时间越长，酒醇香度、甜度、浓度越佳。窖到五六年时，酒成浆液，会像糖丝一样有黏性，颜色为深褐色，醇香浓郁，味甜如蜜。此酒如窖上十年二十年，则酒稠如蜂蜜，打开坛口满屋香甜之气。当地宴客喝酒习俗是把酒倒在盆内，主人家绕桌给客人添酒，由主人家的儿子端盆随后。添酒时以各人的杯子（碗）从盆内取酒，故酒杯搁在桌上，时间稍长便有粘桌的现象，端杯的手也是黏糊糊的，此酒浓郁程度可见一斑。

煨酒与其他酒类的不同之处，关键在一个"煨"字，也就是火候的掌握。在烤制时间里，火候的大小和转坛的时间应该是比较均匀的，成正比的，即既不能一曝十寒，一把火将酒烧烫；也不能半死不活，几天都不能使酒水达到需要的温度。应使坛子和酒液的温度均衡上升，内外温度一致，使酒曲有一个适应的过程，不至于被烫死。煨酒是甜酒的再加工，之所以这么好喝，是因为它的酿制方法特别讲究。如制作方法欠妥，酒可能有甜中带酸的味道，

装煨酒瓶的手提袋

从江刚边宰牙壮族民居

但仍然可口。可以这么说，一坛煨酒就像一面镜子，煨酒者是否掌握了酿酒、"煨"酒的技艺，是否聪明、勤劳、手巧、心细，一切尽在酒中，由酒液去评说。而能制作好酒的人家或主妇，则声名远扬，受人尊敬。

煨酒是贵州壮族人民的特产，它有着悠久的历史和深厚的民族文化底蕴，是壮家人际关系、亲缘关系、邻里关系的润滑剂。客人来到壮家，他们就从楼上抱来陈放了好几年的煨酒热情地招待；逢年过节以酒欢庆；婚育喜事以酒庆贺；邻里不和以酒化解；旅途劳累以酒解乏……酒，在农村百姓的社会生活中占据着极其重要的位置，长此以往，便形成特有的酒文化。壮家尤为重视煨酒，使煨酒不断地浸染着壮家的社会习俗，因而煨酒的文化底蕴更为厚实。根据社会功用的不同，可以分为"客酒""保家酒""马酒""谢奶酒""祖宗酒""婚姻酒"等，不管是物质文化或者是非物质文化层面，贵州壮族都把酒的社会功能和传承机制发挥到了极致。

"客酒"，即家里专门酿制用来作为待客的酒。家中来了客人，主人家就从楼上抱来酿了几年甚至十几年的煨酒热情地款待。至于拿出窖了多长时间的酒来待客，那就看来客的人缘或面子大不大。来客的人缘好，面子大，主人拿出的煨酒酿制的时间就越长；客人的面子小，主人拿出来的煨酒酿制的时间就越短。如果你是普通的客人，还可能就没有煨酒喝了。这与我们在接待工作中是否上茅台有异曲同工之妙。与酒的等级相适应，尊贵的客人，除杀鸡、用腌肉鱼鲊招待外，还要宰杀香猪。即客人的地位、煨酒的年份、宴席的丰盛程度都是成正比的。但客人身份高，并非指高官大亨。贵州壮家历来崇尚"娘亲舅大"，舅舅一定是有分量的客人。同时，各族各姓中的长老级人物也不可小觑。就算是远方来的客人，虽然在当地无亲无戚，只要你给他们以应有的敬重，知书达理，入乡随俗，那你就是他们尊贵的客人了。

"马酒"，这种酒不是专门酿制的，而是贵州壮族丧葬用酒的一种专称。外公外婆过世，女婿请房族兄弟抬一坛煨酒到外家作为"马酒"，放在楼梯角的老人棺材边。然后，戴孝的晚辈们就跟着念经师公绕着放置老人遗体的棺材转圈，表示对逝者的哀悼和怀念。准备把灵柩抬上山时，就开"马酒"来喝。因为老人过世时，戴孝的这些晚辈们忌斋，已经几天没吃饭了，筋疲力尽。这时喝上这味道甘甜、液汁黏稠的煨酒以充实力气，才能够抬老人上山。因为送葬队伍的前头有一人扛着竹编的马，象征老人是开怀畅饮晚辈们孝敬的好酒后才骑着马上路的，因而称为"马酒"，它是贵州壮族特别重视亲缘关系的见证。

"保家酒"，也称为"寿酒"，是家里老人过世时用的。与"马酒"不同的是，"寿酒"是专人专门酿造的。父母、祖父祖母等步入天命之年，就亲自为自己酿制一坛煨酒，密封存放。这坛酒一定要在酿制人百年之后，要抬灵柩上山时，才打开来喝。它的社会含义十分丰富：一是逝者感谢亲朋乡亲们帮忙操办白喜事，这坛酒是逝者最后的一点心意；二是给年轻人补充体力，形同"马酒"，表达了老一辈人对年轻一代最后的关怀，同时使年轻一代受到一次"知恩图报"的人生观教育；三是老人走后，会保佑村寨、乡邻、子孙们的安全，为他们祝福、祈祷。离去老人的拳拳之心，关爱之情，都寓于酒中。因"保家酒"一般都在家中老人 50 岁时酿制，到他过世上山时打开，故"寿酒"存放的时间不一，有一二十年的，有长达三四十年的。"保家酒"也还有"客酒"的功效，如家里来了特别的大人物或贵客，门庭荣耀，年长的老人可能会慷慨地打开自己的"寿酒"来待客，这便是贵州壮乡的最高待客礼节了，可与国宴的规格相媲美。

"谢奶酒"，主要是感谢外婆们而酿造的煨酒，也是一种专用酒。媳妇怀孕坐家后，男方家就专门酿制了两大坛煨酒，一坛在媳妇生孩子后，外婆们带着背扇等来贺喜时开启招待。在孩子满 36 天回娘家时，

● 市场上出售的小坛煨酒

把另一坛煨酒一并送到外婆家，招待外婆家的亲朋乡邻们喝。"谢奶酒"意味着外婆不仅生下孩子的母亲，还用珍贵无价、营养丰富的乳汁养育，使她茁壮成长，今天初为人母，她的孩子应当义不容辞、责无旁贷地替母亲报恩，感谢外婆。即从孩提时代起，就进行"滴水之恩，涌泉相报"的社会伦理道德观教育和传授。

"祖宗酒"，主要是在壮年初一祭祀祖宗时使用的酒水。平时家里举办大型活动如立新房、嫁姑娘等须祭祀祖宗时也要用此酒。"祖宗酒"一般也是专酿专用，表达了壮家人对祖先的无比尊崇之情。

"婚姻酒"，主要是娶新媳妇备办酒宴时所用的酒水。贵州壮族民间过去订婚较早，姑娘、小伙十六七岁就订婚，十八九岁结婚，再经过一两年的"不落夫家"，直至新娘怀孕才到男方家居住。当男女双方关系确定，即订婚要"八字"后，就可酿制"婚姻酒"，待正式结婚时打开来待客，一是以醇香的美酒祝愿新婚夫妇家庭幸福，婚姻美满，白头偕老；二是以甘甜的美酒庆贺亲缘的联结或是亲上加亲。

市场上出售的小坛煨酒

"姑娘酒"，与江浙的"女儿红"类似。谁家生了姑娘，在姑娘开始懂事时（一般十来岁），便为姑娘煨一坛酒，直到姑娘出嫁时才打开，故"姑娘酒"一般也是保存了七八年。有些人家在生下姑娘满月时就酿造，到姑娘出嫁时打开来宴客，则有十七八年的时间。以浓郁的美酒来表示娘家家底殷实，姑娘能干，祝愿新娘生活幸福美满。

毋庸置疑，煨酒是贵州壮族乡土知识的集大成者，浸染了壮族的民间习俗。难能可贵的是，在贵州壮乡，酿酒是妇女们应该掌握的基本的生活技能之一。壮族女性从小就要学习酿制各种酒水的方法，即跟随母亲辨认制作酒曲的各种植物，配伍比例，加工方法，观察糯米浸泡的程度，煨酒时火候的大小与转坛的时间等。因为这些知识，没有现成的教科书，只能依靠老一辈人的言传身教，口耳相传，再经过自己的不断摸索、实践、总结，并加以灵活运用，才能真正掌握。能否酿制出一坛好酒，与女红是否精美一样，是评价一个女性是否聪明能干、心灵手巧的重要标准。

........................•
出售煨酒的店面

　　但从 20 世纪七八十年代以来，随着人口的增长，生长期长而产量不高的当地糯谷品种逐渐被外来的物种所取代。同时由于外出务工人员的增多，壮族酒水的制作工艺特别是煨酒的生产方法，其传承链已出现断裂的现象，其浸染的民俗事象也有淡化的趋势，这是令人担忧的。所幸的是，我国正加大对民族的非物质文化遗产保护的力度，国务院办公厅《关于加强我国非物质文化遗产保护工作的意见》中认为："非物质文化遗产既是历史发展的见证，又是珍贵的、具有重要价值的文化资源。"从保护的角度出发，人们也正逐步认识到非物质文化遗产中的资源价值。我们知道，非物质文化遗产资源价值的开发与利用即是通过市场运作将非物质文化遗产的"人文价值"商品化，变成可供人们消费的"文化产品"。当非物质文化遗产作为资源被利用时，作为市场经济表征的市场规则起到了作用，随即有了"文化产品"和"文化产业"。贵州壮族的煨酒也正在进行市场化的探索，我们希望，贵州壮族煨酒这一物质与非物质文化遗产兼而有之的资源，能够实现"文化遗产"向"文化资本"的转化，最终走向"开发与保护"的非物质文化遗产保护的良性循环道路。让世人不仅能品味到醇香的美酒，更能领略浸染其中的浓浓的乡情、亲情和民族情！

参考书目

1. 黄现璠，黄增庆，张一民等. 壮族通史 [M]. 南宁：广西民族出版社，1988.

2. 贵州省民族研究所. 明实录·太宗永乐实录. 贵阳：贵州人民出版社，1983.

3.（万历）. 贵州通志. 卷十五.

4. 郭子章. 黔记. 卷五八.

5. 黎平府志. 卷二.

6. 黔南识略. 卷一一、卷十六、卷二二、卷二三.

7. 李宗昉. 黔记. 卷三.

8. 黔南职方纪略. 卷九.

9. 杨晓辉. 贵州壮族服饰研究 [M] // 首届贵州瑶壮文化研究，韩荣培，覃东平主编. 贵阳：贵州人民出版社，2012.

10.《布依族简史》编写组. 布依族简史 [M]. 贵阳：贵州人民出版社，1982.

后记

贵州山川秀美，气候宜人，资源丰富，人民勤劳，风情多彩，文化灿烂。18个世居民族，和谐相处，共建家园。"贵州世居民族文化书系"正是建立在人类学、民族学、文化学的研究成果基础上，以叙事方式为主，向世人勾勒贵州世居民族文化版图，展示贵州世居民族悠久的历史文化与和而不同的美丽生存，以全新的视角探寻各民族的文化发展轨迹，解读各民族具有鲜明特色的文化事象，诠释各民族充满神奇魅力的新形象。

"贵州世居民族文化书系"编委会对书系的宗旨、目标、体例和风格等进行项目论证和定位，负责确定写作大纲，并对书系的组织架构、写作要求和作者物色等进行统筹安排。

《山歌壮锦·壮族》由贵州省民族研究院进行审读，就政治倾向性和民族、宗教问题进行认真把关。本书图片得到了贵州省摄影家协会、作者以及韦德怀、杨通荣、梁全康的大力支持（经多方搜寻，仍有部分图片未能寻到作者，作者见书后请与出版社联系）。

在此，对所有为书系做出贡献的人士表示衷心的感谢！因编辑水平所限，书中难免有不尽人意之处，恳请读者批评指正，以便图书再版时予以弥补。

《贵州世居民族文化书系》编委会
2014 年 6 月